JN439346

바다보다 낮은 집

국제PEN한국본부 창립70주년기념 산문선집 12

유경희 수필집

International PEN-Korea Center pen

교음사

국제PEN헌장

국제PEN은 국제PEN대회 결의에 따라 다음과 같이 헌장을 선포한다.

1. 문학은 각 민족과 국가 단위로 이루어지나, 그 자체는 국경을 초월하여 그 어떤 상황 변화 속에서도 국가 간의 상호 교류를 유지해야 한다.
2. 예술 작품은 인간의 보편성에 바탕을 두고 길이 전승되는 재산이므로 국가적 또는 정치적 권력으로부터 간섭을 받아서는 안 된다.
3. 국제PEN은 인류 공영을 위해 최대한의 영향력을 발휘해야 하며 종족, 계급 그리고 민족 간의 갈등을 타파하는 동시에 전 세계 인류가 평화롭게 살아갈 수 있다는 이상을 실현하기 위하여 최선을 다해야 한다.
4. 국제PEN은 한 국가 안에서나 또는 세계 여러 나라에서 사상의 교류가 상호 방해 받지 않는다는 원칙을 준수하며, PEN 회원들은 각자 국가나 지역사회에서 어떤 형태로든 표현의 자유를 억압하는 데 반대할 것을 선언한다. 또한, PEN은 출판 및 언론의 자유를 주창하며 평화시의 부당한 검열을 거부한다. 아울러 PEN은 정치와 경제의 올바른 질서를 지향하기 위해 정부, 행정기관, 제도권에 대한 자유로운 비판이 필수적이고 긴요하다는 사실을 확신한다. 이와 함께 PEN 회원들은 출판 및 언론 자유의 오용을 배격하며, 특정 정치 세력이나 개인의 부당한 목적을 위해 사실을 왜곡하는 언론 자유의 해악을 경계한다.

   이러한 목적에 동의하는 모든 자격 있는 작가들, 편집자들, 번역가들은 그들의 국적, 언어, 종족, 피부 색깔 또는 종교에 관계없이 어느 누구라도 PEN 회원이 될 수 있다.

국제PEN한국본부 연혁

국제PEN본부는 1921년에 창립되어 2022년 3월 현재 145개국 154개 센터가 회원으로 가입돼 있는 세계적인 문학단체이다. 국제PEN본부는 영국 런던에 본부를 두고 있으며 특히 UN 인권위원회와 유네스코 자문기구로 현재 전 세계 문인, 번역가, 편집인, 언론인들의 표현의 자유를 옹호하고 인권 문제를 다루고 있는 단체이다.

한국PEN은 1954년 9월 15일 변영로·주요섭·모윤숙·이헌구·김광섭·이무영·백철 선생 등이 발기하여 같은 해 10월 23일 당시 서울 소공동 소재 서울대학교 치과대학 강당에서 창립총회를 열고 국제펜클럽한국본부로 공식 출범하였다. 국제펜클럽한국본부는 그 이듬해인 1955년 6월 비엔나에서 열린 제27차 세계대회에서 정식회원국으로 가입하고 그해 7월에 인준을 받아 오늘에 이르렀으며 2022년 3월 현재 회원 수는 4,000여 명이다.

사)국제PEN한국본부(International PEN Korea Center)는 역사와 권위를 자랑하는 국제적 문학단체로서 회원들의 양심과 소신에 따른 저항권과 표현의 자유를 옹호하고 구속 작가들의 인권문제를 다루며 한국의 우수 문학작품을 번역, 세계 각국에 널리 알리고 우리 민족의 고유문화와 전통문화 등을 해외에 소개하는 한편 세계 각국과 문화 교류 및 친선을 도모하는 데 주도적 역할을 담당하고 있다.

1954. 10. 23.	국제펜클럽한국본부 창립
1955.	제27차 국제PEN비엔나대회에서 회원국 가입 『The Korean PEN』 영문판 및 불어판 창간
1958.	국내 최초 번역문학상 제정
1964.	PEN 아시아 작가기금 지급(1970년 제6차까지)
1970.	제37차 국제PEN서울대회 개최(60개국 참가)
1975.	『PEN뉴스』 창간. 이후 『PEN문학』으로 제호 변경
1978.	한국PEN문학상 제정
1988.	제52차 국제PEN서울대회 개최
1994.	제1회 국제문학심포지엄 개최
1996.	영문계간지 『KOREAN LITERATURE TODAY』 창간
2001.	전국 각 시도 및 미주 등에 지역위원회 설치
2012. 9.	제78차 국제PEN경주대회 개최
2015. 9.	제1회 세계한글작가대회 개최
2016. 9.	제2회 세계한글작가대회 개최
2017. 9.	제3회 세계한글작가대회 개최
2018. 11. 6~9.	제4회 세계한글작가대회 개최
2018. 8. 22.	정관개정에 의해 국제PEN한국본부로 개명
2019. 2.	PEN번역원 창립
2019. 11. 12~15.	제5회 세계한글작가대회 개최
2020. 10. 20~22.	제6회 세계한글작가대회 개최
2021. 11. 2~4.	제7회 세계한글작가대회 개최
2022. 11. 1~4.	제8회 세계한글작가대회 개최

국제PEN한국본부 창립 70주년 기념 선집을 발간하며

국제PEN한국본부는 1954년에 창립되고 이듬해인 1955년 6월 오스트리아의 빈에서 열린 제27차 국제PEN세계대회에서 회원국으로 가입되었다. 초대 이사장은 변영로 선생이 맡고 창립을 주선했던 모윤숙 시인이 부이사장을 맡았다. 이하윤, 김광섭, 피천득, 이한구 등과 함께 창립의 중심 역할을 했던 주요섭이 사무국장을 맡았다.

6·25한국전쟁이 휴전된 지 겨우 1년이 되는 시점에 이루어 낸 국제PEN한국본부의 창립은 매우 깊은 의미를 담는 거사였다. 그동안 국제PEN한국본부는 세 차례의 국제PEN대회와 8회의 세계한글작가대회를 개최하며 수많은 국내외 행사를 주최해 왔다. 이에 내년 2024년에는 창립 70주년을 맞이하게 되어 그 기념사업의 일환으로 PEN 회원들의 작품 선집을 발간하기로 하였다.

여러 가지 기념사업을 진행하지만 회원들의 주옥같은 작품집을 선집으로 집대성하여 남기는 일은 가장 중요하고 의미 있는 일이라 생각한다.

시와 산문으로 구성되는 선집은 우리 한국문학사의 중요한 족적을 남기는 귀중한 역사 자료로서의 가치를 갖게 되리라고 믿으며 겸허한 마음으로 70주년을 자축하는 주요 사업으로 진행하게 된다.

참여해 주신 회원들께 감사하며 어려운 여건 속에서도 기꺼이 출판을 맡아 준 기획출판 오름의 김태웅 대표와 도서출판 교음사 강병욱 대표에게 심심한 감사를 드린다.

2023년 3월

국제PEN한국본부 이사장 김용재

pen
INTERNATIONAL

책을 내며

바람이 찹니다. 뜨거운 태양 아래 땀을 뻘뻘 흘리던 게 엊그제 같은데 시간은 참 빨리도 갑니다. 첫 번째 수필집 『오른쪽 손가락의 기억』을 출간한 지 벌써 3년이 지났습니다. 그동안 행복하고 좋은 일도 많았지만, 힘든 일도 있었습니다. 그 시간들을 모아 두 번째 수필집 『바다보다 낮은 집』을 엮었습니다. 특히 이번 2집은 국제PEN한국본부 창립70주년기념 산문선집으로 발간하는 기회를 얻게 되어 영광스럽게 생각합니다.

1집을 읽어 주신 분들과 2집을 독려해 주신 분들의 성원에 힘입어, 또 한 번 용기를 내고자 합니다. 나의 이야기를 책으로 내는 건 세상에 나를 내보이는 일이기에 부끄럽기도 하지만, 어쩌면 나를 이해해 달라는 몸부림인지도 모릅니다.

이 책이 나올 수 있도록 지도해 주신 오경자 교수님과 애써주신 교음사 강병욱 대표님과 류진 편집장님께 감사드립니다.

2023년 11월

저자 **유경희**

차례

1. 봄날의 햇살

2. 폭염이거나 폭우거나

3. 무(無)를 즐기다

4. 사람을 찾습니다

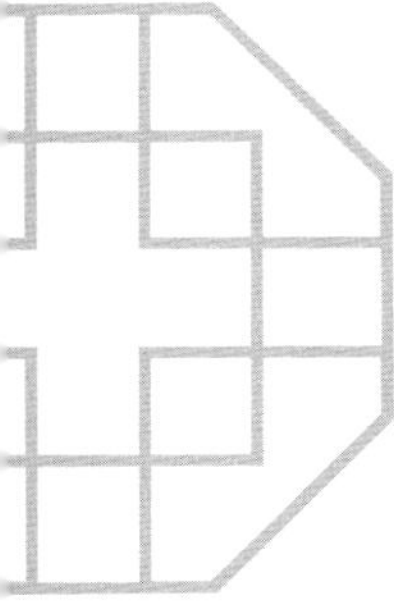
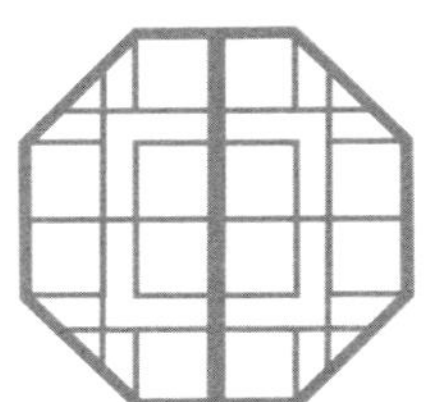
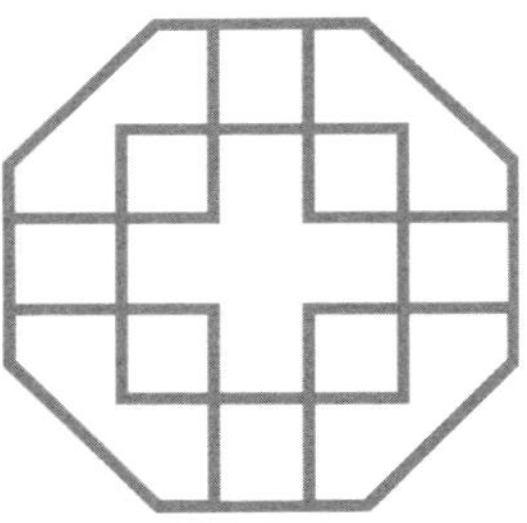

1

봄날의 햇살

머무르고 싶었던 순간들

‘언제 가장 행복했습니까?’라는 월간 『수필문학』의 기획 연재 주제를 보는 순간, 문득 ‘머무르고 싶었던 순간들’이 생각났다. 가장 행복했던 시간이라면 당연히 머무르고 싶었던 순간이지 않겠는가.

소설 『머무르고 싶었던 순간들』은 나에겐 비밀의 방이다. 여고 1학년 때였던 것 같다. 어느 날인가 서점에서 책을 뒤적이다가 『머무르고 싶었던 순간들』이라는 책을 집어 들었다. 중간쯤 펼쳐 읽는데 뭔가 가슴이 콩닥거리며 찌릿찌릿했다. 가슴 뛰던 그 책을 보기 위해 다음 날에도 그다음 날에도 서점에 갔다. 자습서를 사기도 하고, 친구가 서점에 갈 때 따라가기도 하고, 책을 구경하는 척 주인의 눈치를 보면서 그 책 한 권을 다 읽었다. 왠지 비밀스러운 느낌에 차마 살 생각은 하지 못했다.

가끔 그 책을 생각했다. 내용은 기억나지 않는데 뭔가 야한 책이라는 느낌만 있다. 내 학창 시절을 생각할 때 떠오르는 소설은 『겨울 여자』와 『머무르고 싶었던 순간들』이다. 두 소설 모두 떳떳하게 읽지를 못했다. 『겨울 여자』는 집에 배달되던 신문의 연재소설로 엄마 몰래 읽었고, 『머무르고 싶었던 순간들』은 서점에 서서 몰래 읽었다. 지금 보면 별로 야하지도 않고 그저 그런 통속소설일 테지만 그 시절엔 그만큼 야한 책을 본 적이 없다. 『데미안』이나 『죄와 벌』 같은 추천 도서나 보던 시절에 사랑 이야기라니, 사춘기 소녀의 마음을 사로잡을 만하다.

문득 소설의 내용이 궁금해져 검색해 봤다. 오래전 책이라 판매는 되지 않았다. 중고라도 볼까 하고 찾아봤더니 원가는 300원인데 판매가가 25,000원이다. 그마저도 상품 설명에 '세월의 흔적으로 변색, 때탐, 얼룩이 있을 수 있음'이라 쓰여 있다. 올라온 사진의 책은 그냥 줘도 읽고 싶지 않은 상태다. 책을 사고 싶다기보다는 집 안 곳곳을 뒤져 더 이상 출판되지 않는 오래된 책을 찾아 인터넷 중고 판매로 올려볼까 하는 실없는 생각만 들었다. 도서관에서 대출해서 읽을까 싶어 책 목록을 찾아봐도 없다. 찾아 읽을 수 없다고 생각하니 내용이 더 궁금하다.

줄거리라도 알면 뭔가 기억나는 게 있을까 싶어 검색창에 뜬 관련 블로그를 읽었다. 『머무르고 싶었던 순간들』은 여류작가 박계형의 소설이다. 작가가 대학 시절에 쓴 작품으로 동양 방송의 현상 문예 당선작이라고 한다. 놀라운 건 블로그에 글을 쓴 사람

대부분이 중고등학교 시절 그 책을 비밀리에 봤다는 거다. 수업 시간에 책상 밑에 숨겨 가며 몰래 돌려봤다는 구절엔 실망감마저 들었다. 이제 『머무르고 싶었던 순간들』은 더 이상 나만의 비밀스러운 책이 아니다. 그 시절의 많은 이가 공유했던 은밀한 기억이다. 블로그를 괜히 봤다는 생각이 들만큼 아쉬운 마음이 크다. 누군가 최근에 다시 읽었는데 싱거운 이야기를 왜 그렇게 야릇하게 봤는지 모르겠다는 문장엔 간직했던 은밀한 비밀 하나가 삭제된 기분에 서운하기까지 했다.

현상 문예 당선작에, 하물며 베스트셀러였다는데, 1960년대 많은 10대 여학생들이 교과서 덮어 놓고 부모님 몰래 읽던 책이라는데 나만 몰랐다. 세상에 그 책을 읽고 기억하는 사람은 나 혼자인 줄 알았다. 마치 금서라도 되는 양 비밀의 방에 넣어뒀다는 사실이 억울할 뿐이다.

제목이 주는 느낌도 한몫한 것 같다. 머무르고 싶었던 순간들이라니 그보다 행복하고 황홀한 순간이 있을까. 머무르고 싶은 순간이 많았던 사람은 그만큼 행복한 것 같다. 돌아가고 싶지 않은 순간이 많은 사람도 있을 것이다. 내 삶의 지난날 중 머무르고 싶었던 순간과 돌아가고 싶지 않은 순간들을 생각해본다.

돌아가고 싶지 않은 그 순간들은 이미 내가 극복해낸 시간들이다. 돌아가더라도 힘은 들겠지만 지나간 시간들보다 잘 해낼 자신이 있다. 그 일을 겪으면서 했던 실패와 후회들이 견뎌내는 데 도움이 될 것이다. 머무르고 싶었던 순간들은 추억으로 남았다. 여행지에서 본 붉은 노을이나 사랑하는 가족과의 추억들은 사소할지언정 곱씹을 때마다 행복하다.

언제 가장 행복했느냐는 질문은 우연찮게 내가 지금 행복한 사람이라는 확인을 해주었다. 머무르고 싶었던 순간들이 삶의 흔적 곳곳에 숨겨 있는 나는 행복한 사람임에 틀림없다.

(2023. 3.)

아들은 미식가

작은아들이 김치찌개를 해 주겠다고 한다. 지난번에 햄을 넣고 만든 것도 맛있었는데 이번엔 돼지고기를 넣고 끓였다. 내가 한 것보다 맛있다. 주부들에게 가장 맛있는 음식은 남이 해 준 음식이라는 말도 있잖은가. 다른 반찬 필요 없이 찌개만 두 대접을 먹었다. 맛있다고 연발하는 나를 보며 아이가 미소 짓는다. 맛있게 드시니까 보람을 느낀단다. 그 말을 놓치지 않고 한마디 한다. 나를 보며 너를 반성하라고….

작은아들은 미식가다. 미식가다 보니 맛에 예민하다. 집에서는 "잘 먹었습니다."라는 인사만 할 뿐 웬만해선 맛있다는 말을 하지 않는다. 맛있다고 하면 그 음식만 계속해 주기 때문에 말을 아낀단다. 내 음식에 대해 가장 많이 하는 말은 짜다는 것이다. 나는 평소 요리할 때 간을 잘 안 본다. 거의 하던 반찬이고 양도 일정하니 굳이 간을 볼 필요를 느끼지 않아서다. 오히려 간혹 간을 보면 말썽이다. 간을 보다 보면 꼭 간장이나 소금을 더 넣게 된다. 아들은 항상 처음 한 요리에 뭔가를 첨가하지 말라고 주문한다. 엄마는 뭔가를 더 넣으면 간이 안 맞는단다. 그런 말을 들으면 기분이 나빴다. 기회를 놓칠 수 없어서 한마디 한 셈이다. 앞으로는 먹을 때마다 맛있다고 말하라는 압력이기도 하다.

미식가님께서는 드시는 것도 까다롭다. 생선은 먹고 나면 하루 종일 입에서 비린내가 나는 것 같다며 잘 안 먹는다. 나물류는 무친 즉시만 먹고 냉장고에 들어갔다 나온 건 쳐다보지도 않는다. 멸치나 장조림 등의 밑반찬은 당연히 드시지 않는다. 그러다 보니 자연히 고기류만 먹게 된다. 고기만 구우면 다른 반찬이 필요 없어서 편하긴 하지만 건강이 염려된다.

다행히 아이는 요리하는 걸 즐긴다. 닭, 돼지, 소 등 고기류와 해산물, 기본 야채만 냉장고에 채워 두면 그냥 구워서 먹기도 하고, 리조또나 스파게티 등도 해 먹는다. 하다못해 라면을 먹어도 고기나 야채를 넣고 근사한 요리로 만들어 먹는다. 음식할 때는 파와 다진 마늘도 꼭 챙겨 넣으니 고기만 먹는다는 걱정은 하지 말란다.

사다 놓은 쇠고기의 유효 날짜가 하루 지났다. 빨리 먹어야 될 거 같다고 하자, 스테이크 리조또를 만들어 주겠다고 한다. 쌀보다 고기가 더 많아 보이는 리조또가 완성되었다. 큼직하게 썰어 넣은 고기 탓에 보기에도 먹음직스럽다. 맛은 거의 고급 이탈리안 레스토랑 급이다. 내 손은 하나도 가지 않고 점심을 차려 주니 그런 느낌이 들었을지도 모른다. 어느 엄마가 아들이 만들어 준 음식이 맛이 없겠는가. 누구라도 고급 식당에서 먹는 것보다 더 맛있다고 느낄 것이다.

요즘 TV를 켜면 요리하는 사람은 거의 남자다. 전문 요리사뿐만 아니라 요리 프로그램의 진행자나 연예인 관찰 프로그램에서 요리하는 이도 남자가 훨씬 많다. 시어머님 세대만 해도 남자가 부엌에 들어가면 고추 떨어진다는 말로 아들이 설거지하는 것조차 싫은 내색을 하셨다. 이젠 시대가 바뀌었다. 교과서나 그림책에 아빠는 직장에 가고 엄마는 요리를 한다는 문장이나 그림이 들어가면 성차별이라고 하는 시대다. 젊은 세대는 거의 맞벌이를 하니 먼저 들어온 사람이 식사 준비를 하는 걸 당연하게 여긴다.

요리 잘하는 남자가 멋있다는 의미로 '요섹남'이라는 신조어도 있다. 요리하는 섹시한 남자라는 뜻이다. 남자가 요리하는 건 이제 선택이 아니라 필수다. 예전같이 가부장적으로 여자에게 밥상을 요구하다가는 이혼당하기 십상이다. 아들이 결혼해서 잘 살기를 바라면 주방에 들어가는 것부터 가르쳐야 한다. 요리는 물론 설거지에, 재활용 쓰레기뿐만 아니라 음식물 쓰레기까지 잘 버려야 사랑받는 남편이 될 수 있다.

하기야 이런 건 교육하지 않아도 신세대들은 본인들이 알아서 잘하는 거 같다. 차려주지 않으면 냉장고에 있는 음식을 꺼내는 것도 귀찮아서 치킨을 시켜 먹거나 과자로 때우던 큰아들이 결혼해서 하는 걸 보면 말이다. 자기가 먼저 퇴근하면 밥도 하고 들어가면서 저녁거리를 사 가기도 하는 눈치다. 간혹 요리한 이야기도 한다. 큰아들 집에서 식사 대접을 받던 날, 배웅을 나오는 아들 손에는 자연스럽게 음식물 쓰레기 봉지가 들려 있다. 역시 엄마보다는 아내가 무섭나 보다. 엄마한테는 잘 보일 필요가 없지만 아내에게 밉보이면 인생이 피곤해지는 걸 알아서 깨우친 듯싶다. 어려서부터 남녀평등을 배워온 요즘 아이들에게 집안일은 같이 하는 게 더 자연스럽다.

아들의 요리가 끝난 싱크대는 설거짓거리가 가득하다. 설거지까지 하면 금상첨화라고 하자 욕심이 과하시다는 답변만 돌아온다. 요리 잘하고 분리수거도 잘하는 작은아들에게 설거지까지 시킬 수 있는 며느릿감은 언제 나타날지 궁금하다.

(2022. 6.)

참을 수 없는 이유

"가끔 내 이야기를 해줘. 배우는 관객들의 기억 속에 존재하니까…. 인생에서 가장 아름다운 일은 누군가에게 좋은 기억으로 남는 거야."

평생을 연극에 바친 노배우는 자신의 죽음을 예감했는지 20여 년을 함께한 무대 감독 맷지에게 말한다. 연극 「더 드레서」는 2차 세계 대전 당시 독일군의 공습이 이어지는 가운데서도 굳건하게 연극을 공연하는 노배우와 그의 곁을 지키는 드레서 '노먼'의 이야기이다.

노배우는 227번째의 「리어왕」 공연을 앞두고 갑자기 첫 대사가 생각나지 않는다며 소리 지른다. 노먼은 차분히 첫 대사를 알려주고, 리어왕 분장 대신 '오셀로'의 분장을 하고 나온 노배우의 시커먼 얼굴을 닦아주며 공연을 잘할 수 있다는 용기를 준다. 점점 정신이 이상해지고 대사를 기억 못하는 노배우의 공연을 맺지와 사모님이 반대해도 존경하는 '선생님' 노배우의 공연을 포기하지 않는다.

청춘을 바쳐 선생님을 보필하며 그것을 보람으로 여겼다. 의상 담당인 자신이 선생님의 비서이자 친구라 여기는 노먼은 자기가 없으면 선생님의 무대가 존재할 수 없다고 여길 만큼 노배우를 위해 최선을 다했다.

「리어왕」 공연을 성공리에 마친 노배우는 분장실로 돌아와 휴식을 취하며 회고록의 원고를 노먼에게 건넨다. 연기와 결혼생활을 같이 해 준 부인에게 감사하고, 무대 감독이며, 자신의 연기를 보아 준 모든 관객에게 감사하는 선생님의 헌정사를 읽어 내려가던 노먼은 곧 나올 자신의 이름을 기대하며 점점 얼굴이 상기된다. 그러나 연기를 할 수 있도록 극본을 써 준 셰익스피어에게까지 감사하는 노배우에게 노먼은 잊힌 존재였다. 끝내 나오지 않는 자신의 이름에 노먼은 분노하며 절망한다. 선생님이 전부였던 자신의 존재 자체가 부정당한 것이다.

노먼이 원망과 배신감으로 분노하는 그 사이 노배우는 삶을 마감한다. 객석의 내가 삶의 마지막 순간까지 공연을 하고 무대 뒤에서 숨을 거둔 노배우의 삶에 감동하는 그 시간, 노먼은 절규한다.

"나는 이 사람에 대해 절대로 말하지 않을 거야. 이 사람에 대해 절대로 좋게 말해 줄 생각이 없어."

노먼의 이 외침은 인생에서 가장 아름다운 일은 누군가에게 좋은 기억으로 남는 것이라는 선생님에게 그가 할 수 있는 유일한 복수였는지도 모른다. 목요일에 죽음을 맞이한 선생님으로 인해 주급을 제대로 받지 못할 것을 걱정하고, 추천서도 써주지 않고 돌아가신 선생님 때문에 자신의 일이 끊길 것을 걱정하는 그에게 더 이상 존경하고 사랑하는 선생님은 남아 있지 않다.

방역 패스로 인한 소송이 이어진다는 기사를 보면서 느닷없이 노먼이 생각났다. 근 2년 동안 코로나 방역 지침을 잘 따르던 우리 국민들이 방역 패스에는 반발하기 시작했다. 모두가 겪는 불편은 참을 수 있지만, 백신을 맞지 않은 사람들만의 자유를 제한하는 것은 명백한 차별이기 때문이다.

「더 드레서」의 노먼이 참을 수 없던 건 자신이 차별받았다는 생각이 아니었을까. 16년 동안이나 선생님의 온갖 수발을 다 들었다. 무대 의상이며 분장, 대본 체크까지 실질적 도움을 준 건 자신이다. 하다못해 극본을 쓴 셰익스피어와 관객에게까지 감사하면서도 자신의 헌신적인 희생은 당연하게 여겨 기억해 주지 않는 선생님에게 서운함을 넘어 분노하게 된 것이다. 전쟁 중인 어려운 상황도 참을 수 있고, 박봉도 참을 수 있고, 기억을 잃어가며 괴팍해지는 선생님을 참을 수 있던 건 나만 겪는 일이 아니기 때문이다. 그러나 주변의 모든 사람에게 감사하면서도 나에게만 감사하는 마음을 갖지 않았다는 것, 모든 이들을 기억하는 헌정사에 그동안 뒷바라지한 나만 빼놓았다는 사실이 참을 수 없는 분노로 표출된 것이다. 배신도 이런 배신이 없다.

국민들이 옆 테이블에 앉은 모르는 4인은 괜찮지만, 아는 사람 8인이 두 테이블로 나눠 앉는 것은 안 된다, 실내 운동은 하되 샤워는 안 된다는 황당한 지침까지 따른 것은 빠르게 일상으로 회복할 수 있다는 기대감 때문이다. 그런데 이제는 백신을 안 맞은 내 아이는 학원이나 독서실에 갈 수 없고, 미접종자인 나는 장을 보러 대형마트에 갈 수 없고, 동료나 가족과 같이 음식점에 가도 나만 혼자 앉아서 따로 먹어야 한단다. 백신을 맞지 않았다는 이유만으로 대놓고 사회적 격리를 하겠다니 세상에 이것만큼 부당하고 불공정한 게 없다. 볼멘소리가 나오는 게 당연하다.

모든 사람이 겪는 큰 불편은 참을 수 있어도 나만 겪는 작은 불편은 억울하게 느껴지는 게 사람 마음이다. 방역 패스가 놓친 차별과 불공정이 기본권 침해로 불거지는 것을 보며 지난 연말에 본 연극 「더 드레서」에서 노먼의 분노가 떠오른다.

(2022. 1.)

태풍 in 정동진

아침에 눈을 뜨자마자 손을 뻗어 핸드폰을 집어 든다. 한참을 올라가 카톡방에 쌓여 있는 대화를 본다. 이런 날씨에 운전하는 건 위험하니 가지 말자는 의견과 강원도는 이번 태풍이 비껴간다고 하니 천천히 가보자는 의견이 반반이다. 여행 가기로 한 세 명 중 두 명의 의견이 상반되니 뒤늦게 본 내 의견이 중요하다. 늦게 일어난 탓에 본의 아니게 결정권을 갖게 되었다.

한 달도 더 전에 이 여행을 결정하고 호텔비도 이미 결제했다. 태풍 '힌남노'가 북상 중이라는 말에 호텔 예약을 연기하려고 했으나 거절당했다. 호텔은 항공도 선박도 아니기에 무료 취소 기간이 지나면 천재지변을 이유로 예약을 변경할 수 없단다. 친구의 회갑을 축하하기 위해 마련한 자리라 조금 좋은 방을 예약했다. 선 결제만 된다고 해서 결제를 다했는데 위약금으로 날리자니 너무 아깝다. 거기다가 오늘의 주인공이 가고 싶어 하고, 서울은 내일 새벽에나 태풍권에 들어온다고 하니 그냥 떠나도 될 것 같다.

나는 원래 위기의식이나 안전의식이 별로 없는 것 같다. 예전에 북한이 쳐들어올지도 모른다는 소문에 생수와 라면 등 생필품이 사재기로 동이 난 적이 있다. 그때 난 단 한 개도 사놓지 않았다. 설마 전쟁이 나겠냐는 의구심도 있었지만, 설령 전쟁이 나더라도 라면 몇 개와 생수가 무슨 도움이 되겠느냐는 생각 탓이다. 아파트에 비상벨이 울려도 현관문을 한 번 열어보고는 잘못 울린 거려니 하고 신경도 안 쓴다. 무슨 일이 생기면 관리사무소에서 안내 방송을 할 테니 말이다. 방송을 듣고 나서 움직이면 이미 늦었을지도 모르는데 기본적으로 안전의식이 부족하다.

비가 억수같이 퍼부었다면 그냥 포기했겠지만, 약한 빗줄기는 비 오는 날 아침과 별반 다름이 없는 것 같아 천천히 가 보기로 결정했다. 이따금씩 빗줄기가 거세지기도 했는데, 양양 고속도로는 터널이 많고 길어서 중간중간 비를 피할 수 있었다.

호텔 입구에서 산꼭대기에 걸린 배 모양의 예쁜 호텔을 보자 오길 잘했다는 생각이 든다. 방 안에 들어가자 바다가 눈앞에 있다. 날이 좋으면 파란 하늘과 이어져 있는 바다가 아름다웠을 텐데 비로 인해 하늘과 바다는 잿빛이다. 그래도 바다는 언제나 멋지다. 비야 오거나 말거나 여행이 신나는 건 마찬가지다.

호텔 전망대에 갔다. 태풍으로 인해 폐쇄되었다는 안내문이 붙어 있다. 조각 공원이라도 돌아보려고 호텔 밖에 나갔다가 우산도 소용없는 세찬 비바람에 금세 들어왔다. 비가 오면 방 안에서 호캉스를 즐기면 된다고 떠나기는 했지만, 여기까지 와서 바닷물에 발 한 번 못 담그고 해변가를 걷지도 못하니 아쉽기는 하다.

이 방을 예약할 때는 통창 너머 파란 하늘과 바다가 보이는 커다란 욕조에서 반신욕을 하며 와인 잔을 부딪치면 환상적일 거라는 기대를 했다. 그러나 현실은 퍼붓는 비로 인해 까만 어둠 외에는 보이는 게 없다. 문을 조금 열고 들리는 파도 소리에 만족해한다. 따뜻한 물에 하루 동안의 피로가 녹아내린다.

밤이 되자 파도가 거세진다. 베란다 문을 열면 바람 소리와 파도 소리에 잠을 못 잘 정도로 밤새 바람이 불고 비가 왔다. 새벽에 바다를 바라보니 파도가 얼음처럼 하얗게 몰아친다. 눈처럼 하얀 파도 뒤에는 검은 회색빛 바다가 있고 그 뒤엔 청록, 그 뒤엔 푸른 빛, 그 너머엔 하늘과 맞닿은 바다가 하얗게 층을 이루고 있다. 아무리 셔터를 눌러대도 눈으로 보는 멋진 모습을 사진으로 재현할 수는 없다. 바다 위에 섬처럼 떠 있는 횟집의 2층까지 파도가 올라와 부딪친다. 사람이 죽을 수도 있는 무서운 파도를 보며 멋있다는 말을 하는 게 어불성설이지만 그 말밖에는 할 수 없을 정도로 성난 파도는 장관이다. 태풍이 온다는데 이곳에 온 우리가 정신없는 거 아니냐는 말이 저절로 나온다.

조식 뷔페를 먹으러 갔다가 깜짝 놀랐다. 커다란 레스토랑에 자리가 없을 정도로 사람이 많다. 휴가철도 지난 평일에 태풍 소식을 듣고도 바다를 보러 온 사람이 이렇게나 많다니 안전의식이 부족한 건 나뿐만이 아닌 것 같다. 하긴 이들도 어쩌면 우리처럼 환불 불가로 인해 억지로 온 사람들일지도 모른다.

집으로 돌아오는 길에 강릉 중앙시장에 들렀다. 여행지에선 역시 시장 구경을 해야 제맛이다. 강릉의 특산물이라는 커피콩 빵과 동네 마트에서 사도 되는 고구마, 추석 차례상에 올릴 햇대추며 TV에 방영되어 유명해졌다는 닭강정 등을 봉지 봉지 들고 차에 올랐다. 그사이 비는 그쳤다. 하늘은 언제 비가 왔냐는 듯 새파랗고, 커다란 구름은 솜사탕처럼 하얗다. 도로는 다 말라 밤새 내린 비는 흔적도 찾을 수 없다.

오길 정말 잘했다는 이야기를 몇 번씩 할 정도로 만족스러운 여행이었다. 거친 파도와 거센 빗줄기조차 추억으로 남을 좋은 시간이었다. 정동진에서 태풍을 맞이한 1박 2일의 여행이 우리의 우정을 한 겹 더 두텁게 한 것 같다. 때론 무모함이 몸을 사리는 것보다 나을 때도 있다.

(2022. 9.)

동행길

비가 온다. 어젯밤 12시가 지나자마자 아침이 되기만을 기다렸는데 이럴 수가. 오후에는 그치겠지 하는 희망으로 창밖을 바라보다 결국 우산을 쓰고 밖으로 나왔다.

지난 일주일 동안 코로나에 걸려서 자가 격리를 했다. 방 안에 갇혀 시간을 보내다 보니 핸드폰만 들여다보게 된다. 카드 회사 문자에 따라오는 링크까지 클릭해서 보다가 이벤트 룰렛을 돌렸다. 스마트 워치 할인 쿠폰에 당첨됐다. 첫 구매를 하면 10% 할인도 해 준다니 왠지 안 사면 손해 보는 느낌이다.

마침 지난번 모임에서 스마트 워치가 운동 내역도 기록해 주고 수면 상태나 스트레스, 심박수 체크까지 가능하다고 해서 관심을 갖고 있었다. 비싼 것도 아니고 중국산이니 사 볼 만한 것 같다. 스마트 워치를 배송 받은 후,

관련 앱도 깔고 자가 격리 해제 날짜만 기다렸다. 어쩌면 빗속에 뛰쳐나온 건 일주일 동안 밖에 나가지 못해서 답답한 것보다는 스마트 워치를 사용하고 싶어서였는지도 모른다.

비가 쏟아붓는다. 봉화산 둘레길을 걷는 것도, 개천 길을 걷는 것도 위험할 것 같다. 그렇다고 비 오는 거리를 걷는 건 내키지 않는다. 신호등도 많고 지나가는 차 소리도 시끄럽다. 그때 봉화산 데크길이 생각났다. 정상까지 데크로 길을 만들어놔서 비가 와도 충분히 걸을 수 있을 것 같다. 스마트 워치의 운동 기능에서 '걷기'를 선택하고 봉화산으로 향한다.

중랑구청 앞 봉수대 공원 입구에서 데크길에 들어섰다. 비가 오는데도 드문드문 걷는 사람들이 보인다. 이 데크길로 정상에 올라서 제2구간으로 내려가 집까지 걸어가면 둘레길을 걷는 만큼의 거리가 될 것 같다.

우산을 쓰고 숲길을 걷는 건 생각보다 좋았다. 데크길은 작년 여름에 개통되었는데 평소엔 이 길을 걷지 않는다. 동행길이라 이름 붙은 데크가 처음 생겼을 때 호기심으로 정상에 오르다 중간에 산길로 빠져나왔다. 계단 몇 개면 금방 올라갈 거리를 지그재그로 똑같은 길을 걷다 보니 너무 지루했다. 처음 걷기 운동을 시작할 때는 중랑천까지 이어지는 산책로와 봉화산 둘레길을 번갈아 걸었다. 그러다 매일 걷는 운동 장소로 둘레길을 택한 건, 흙을 밟는다는 점도 좋았지만 길이 지루하지 않아서다. 오르막길인가 하면 금세 내리막이고, 평지를 걷다 보면 계단이 나오고 다리도 건넌다. 쭉 뻗은 시멘트 길을 걷는 것보다 변화가 있는 산길이 좋다.

사실 작년 봄에 데크 공사를 할 때는 좀 불만이 있었다. 둘레길이 잘 조성되어 있는데 굳이 데크가 필요할까 싶기도 하고 자연을 훼손하는 것 같기도 해서다. 공사 때문에 중간중간 길이 막혀 돌아간 적도 있고, 시끄럽기도 했다. 내가 그 길을 걷지 않을 때는 왜 숲의 나무를 베어 가며 인공으로 길을 만들었을까 싶었다. 이렇게 비 오는 날 걸으니 잘 만든 것 같다.

데크길은 양옆으로 나무가 빽빽이 서 있다. 숲길을 걷는 것과 차이가 없다. 비가 많이 오는데도 미끄럽지 않고, 위험하지도 않다. 마음 놓고 걸을 수 있다는 안락함 때문인지 제1구간으로 올라 정상에서 제2구간으로 내려오는 그 긴 길이 지루하지 않았다.

길을 걷고 있는데 큰아들에게서 전화가 왔다. 코로나 후유증은 없냐고 묻는다. 아픈 데도 없고 컨디션이 좋아서 봉화산을 걷고 있다고 했다. 스마트 워치로 운동 기록하는 중이라고 하자, 아들은 그렇다고 이 비에 산에 갔냐고 잔소리를 한다. 알아서 위험하지 않은 길을 찾아 잘 걷고 있는데, 별걸 다 참견한다는 생각이 든다. 산길이 아니고 안전한 데크길을 걷고 있으니 걱정 말라고 퉁명스럽게 말했다.

뉴스를 보는데 이번 비가 서울에 기상 관측이 시작된 이후 100여 년 만에 가장 많은 강수량이라고 한다. 강남역 계단에 폭포처럼 빗물이 흐르는 모습과 집이 물에 잠긴 사람들을 보니 얼마나 많은 비가 왔는지 실감이 난다. 이런 날 스마트 워치 사용하고 싶어서 산에 간 철없는 엄마가 아들은 얼마나 걱정이 됐을까. 산에서 무슨 일이라도 생기지 않을까 불안했을 것이다. 눈으로 재난 상황을 확인하니 뒤늦게 아들에게 미안한 마음이 든다.

며칠 동안 내리던 비가 그쳤다. 언제 비가 왔냐는 듯 태양이 뜨겁다. 해가 덜 뜨거운 오후 늦게 집을 나섰다. 오랜만에 둘레길을 걷는다. 10여 분 걸으니 데크길과 마주한다. 3일 동안 고마운 마음으로 걸었던 그 길을 그냥 지나친다. 전동 휠체어를 타고 산에 오르는 사람과 유모차를 끌고 올라가는 가족이 보인다. 지팡이를 짚고 힘겹게 걷는 사람도 있고, 힘차게 팔을 높이 올리며 걷는 사람도 있다. 1년 넘게 그 길을 지나쳤지만 그동안은 그 길을 걷는 사람들에게 관심이 없었다. 직접 걸어보고 나니 비로소 데크길을 걷는 사람들이 보인다.

실제로 겪어 봐야만 이해할 수 있는 일들이 있다. 왜 데크로 길을 만들어서 산을 보기 싫게 만들었을까 하는 의문은 그 길을 걷고, 또 걷는 사람들을 보면서 자연히 해결되었다. 동행길 안내판의 '동행은 같은 방향으로 걷는 것이 아니라 같은 마음으로 걷는 것'이라는 글귀를 본다. 나는 그 밑에 ※ 표시를 하고 '비가 퍼붓는 날에도 걷고 싶은 사람들에게 이 길을 추천한다.'는 문장을 하나 더 추가하고 싶다.

(2022. 8.)

봄날의 햇살

요즘 ENA채널에서 방영하는 드라마 「이상한 변호사 우영우」가 화제다. 1회 시청률이 0.9%였는데, 지난주에 방영된 8회 시청률은 13.1%라고 하니 그 인기를 실감할 수 있다. 더군다나 지상파 방송도 아니고 케이블TV에서 하는 드라마이니 그 인기가 실로 놀랍다.

이 드라마를 알기 전에는 ENA라는 채널이 있는지도 몰랐을뿐더러 우리집에 이 채널이 나오는지조차 몰랐다. 어느 날인가 증권 방송에서 '이상한 변호사 우영우'에 관한 이야기를 나누는 걸 봤다. 이 드라마가 얼마나 인기인지 전지현(tvN에서 방영한 300억 대작드라마 「지리산」의 주인공)이 말아먹은 에이스토리 주가가 박은빈(ENA에서 방영하고 있는 「이상한 변호사 우영우」의 주인공) 덕분에 거의 두 배가 되었다고 한다.

에이스토리는 두 드라마의 제작사이다. 드라마 때문에 회사의 주가가 그렇게나 많이 오르내릴 수 있다는 게 신기하다. 한 번 듣고 나니 여기저기서 우영우 타령이다. 우영우 신드롬이 아닐 수 없다. 궁금한 마음에 넷플릭스에서 1화부터 4화까지 몰아보고, 5화부터는 정규방송에서 보기 시작했다.

우영우는 자폐 스펙트럼 장애를 지니고 있는 천재 변호사이다. 한 번 읽은 책의 내용은 토씨 하나 틀리지 않고 외우며, 서울대 로스쿨을 수석 졸업하고 변호사 시험도 만점으로 붙었다. 그런 성적에도 변호사 면접에서 탈락한 우영우는 로펌 대표인 아버지 후배와의 인맥으로 가까스로 취업하게 된다. 흔히들 자폐증을 앓고 있는 사람은 자기만의 세계에 갇혀 있어 사회생활을 하기 어렵다고 생각한다. 자폐증을 앓고 있는 사람이 아무리 뛰어난 능력을 갖고 있어도 장애인이라는 편견에서 벗어나기 힘들다.

5화의 한 장면이다. 우영우는 로스쿨 동기이자 로펌 한바다의 동료인 최수연과 구내식당에서 함께 식사를 한다. 우영우는 늘 김밥 도시락을 싸 온다. 오늘은 웬일로 구내식당 밥을 먹느냐는 최수연의 말에 메뉴가 김밥이기 때문이라고 대답한다. 최수연은 앞으로 김밥 나오는 날엔 알려줘야겠다고 대수롭지 않게 말하며 생수병을 따 준다. 별명 이야기를 나누던 중, 최수연은 자기한테 '최강 동안 최수연'이나 '최고 미녀 최수연'은 어떠냐고 장난스럽게 묻는다. 우영우는 너는 그런 거 아니라며 '봄날의 햇살 최수연'이라고 답한다. 로스쿨 다닐 때부터 그렇게 생각했단다. 강의

실의 위치와 휴강 정보나 바뀐 시험 정보를 알려주고, 동기들이 자신을 따돌리거나 놀리지 않도록 노력하는 네가 봄날의 햇살 같았다고 말한다.

지금도 너는 김밥이 나오는 날을 알려주겠다고 하고 생수를 따주는, 따듯하고 다정하고 친절한 사람이라는 우영우의 말에 눈물이 났다. 그 당연한 일들이 봄날의 따듯한 햇살처럼 여겨졌다는 한마디에 우영우가 살아온 인생이 보이는 듯하다. 봄날의 햇살이 따듯하게 느껴지는 건 추운 겨울이 있기 때문 아니겠는가.

보통 인생에서 봄날의 햇살 같은 사람은 가족이나 친구처럼 나와 가깝거나 친한 사람이다. 내가 볼 때, 영우는 수연을 로스쿨 동기나 직장동료로만 여길 뿐, 친구로는 생각하지 않는 것 같다. 그럼에도 불구하고 수연이 영우에게 하는 행동들은 장애인에게 의식적으로 하는 배려가 아니라 도움이 필요한 사람에게 자연스레 행해지는 일처럼 여겨져서 더 감동적이다.

드라마를 보다 보면 수연에게는 영우가 장애인이라는 편견이 없다. 그냥 영우가 장애 스펙트럼을 가진 걸 인정하고, 오히려 그가 갖고 있는 천재성을 부러워하기도 한다. 인맥으로 취업한 낙하산이라는 직원들의 수군거림에 그런 성적으로 취업할 수 없는 게 오히려 장애인에 대한 차별이라고 영우를 대신하여 분노하는 정의감도 갖고 있다. 이쯤 되면 아무리 드라마라지만 어떻게 자식을 저렇게 바르게 키웠는지 그 부모가 궁금해지지 않을 수 없다. 착하고 따듯한 성품에 공부까지 잘해 대형 로펌에 변호사로 취업한 딸은 그 부모에게도 역시 봄날의 햇살이었을 거 같다.

이 드라마는 그 인기만큼 많은 유행어와 명장면을 탄생시켰다. 이 장면 역시 많은 사람들이 감동 받은 장면 중 하나라고 한다. 인터넷상에 명장면이라고 돌아다니는 '짤'을 보면 사람의 감정은 거의 비슷하다고 느껴진다. 드라마를 보면서 많은 사람이 자신의 인생에서 힘이 되어 준 사람이 누구였는지, 나는 과연 누군가에게 봄날의 햇살 같은 존재인 적이 있는지 생각해보는 시간을 가졌을 것 같다.

나에게 있어 봄날의 햇살 같은 사람은 누구였는지 생각해본다. 수연의 친절 정도는 늘 있는 일이었기에 꼭 집어 떠오르는 사람이 없다. 살면서 힘든 적도 많았는데 딱히 생각나는 사람이 없는 건 역설적이게도 내 주변에 친절하고 나를 배려해 주는 따듯한 사람이 많았다는 반증인지도 모른다. 인생에서 봄날의 햇살 같은 사람을 만난다는 건 축복받은 일이다. 나 역시 누군가에게 그런 따듯한 사람으로 기억될 수 있으면 좋겠다. 따듯한 드라마는 삶을 돌아보게 하고 마음을 평온하게 해 준다.

(2022. 7.)

라떼는 말이야

당황스럽다. 어떤 사람이 내가 타려던 러닝머신에서 걷고 있다. 운동하면서 일일드라마를 볼 요량으로 이어폰을 꽂아 놓고 핸드폰을 거치대에 올려놓았다. 조금 걷다가 문득 아들애가 운동을 오지 않은 게 한참 됐다는 걸 깨달았다. 드라마 시작까지 시간이 좀 남았기에 작은아이의 운동기간이 얼마나 남았는지 문의하러 갔다.

안내데스크에 가서 확인하고 온 사이에 내 자리를 뺏긴 것이다. 여기 있던 핸드폰 못 봤냐고 물었다. 카운터에 맡겨 놓았단다. 핸드폰을 찾아와서 들으라는 듯 “잠깐 화장실에 다녀왔는데….”라고 중얼거리며 그 자리에 꽂혀있는 이어폰을 뺀다. 신경도 안 쓴다. 러닝머신에 ‘개인용품으로 자리를 맡아놓지 말라’는 안내문이 붙어 있기에 아무 말 하지 않고 자리를 양보했지만 이 상황을 납득할 수 없다. 안내데스크에 갔다 오는 길인데 이 아가씨는 도대체 언제 거길 다녀왔는지도 이해가 안 간다.

하소연할 데도 없어서 집에 있는 작은아들에게 카톡을 보냈다. 상황을 설명하고 젊은 애가 왜 그렇게 경우가 없냐고 했다. 단순히 'ㅋㅋ'라는 답장만 온다. 젊은 애들은 여러 사람이 사용하는 운동기구에 물건을 올려놓고 자리를 비운 일이 잘못이라고 생각할지도 모르겠다. 헬스클럽에서 러닝머신 자리가 났을 때, 수건이나 핸드폰 등으로 맡아둔 후에 화장실을 다녀오든가 물을 마시고 오는 일은 흔한 일이다. 최소한 운동 중이었냐고 물어봤다면 그렇게 기분 나쁘지는 않았을 것 같다. 괜찮다고, 내가 다른 자리에서 하면 된다고 양보했을 것이다.

왔다 갔다 하는 사이 러닝머신은 다 차고 한자리만 남았다. 이어폰을 꽂았는데 소리가 안 난다. 고장 난 자리다. 내가 타려던 곳을 본다. 그 아가씨는 TV를 보지 않고 무선 이어폰을 꽂고 있다. 자신의 핸드폰을 듣나 보다. 드라마 보려고 하는데 소리가 안 들리니 자리를 바꿔주지 않겠냐는 말을 하고 싶지만 속으로 삼킨다. 자리는 바꿔줄지 모르겠지만 꼰대 아줌마라는 흉은 피할 수 없을 거 같아서다.

결혼한 아들이 집 근처에 왔다며 잠깐 들렀다. 아내 칭찬을 하고 싶었는지, 엄마 며느리가 시어머니에 대한 만족도가 굉장히 높다고 말한다. 그런데 만족하는 이유로 예를 든 게 다른 시어머니들같이 안부 전화를 안 한다고 뭐라 하지 않아서란다. 사실 혼자 오는 경우가 거의 없어서 이번에는 꼭 말하리라 생각하고 있었다. 결혼한 지 석 달이 다 돼 가는데 아직 며느리의 안부 전화를 받지 못했다. 그런데 아들놈이 어떻게 알았는지 선수를 치고 나온다. 그렇다고 포기할 엄마 선수는 아니기에 사실 나도 그걸 말하려던 참이라고 했다.

당황한 아들은 자기도 처가에 전화 안 하는 건 마찬가지란다. 그래도 엄마 뜻을 알았으니 자기가 먼저 처가에 안부 전화를 하겠단다. 몇 번 하면 장모님이 이야기하실 테고, 그러면 집사람도 눈치가 있는데 전화를 하지 않겠느냐고 한다. 고부 갈등이 생기지 않게 나름대로 처신하는 거 같아 귀엽기도 하고 기특하기도 하다. 처가에도 자주 전화 드리라고 하면서, 나는 신혼 때 잊을까 봐 매주 수요일로 날짜를 정해놓고 안부 전화했다고 말했다. 말이 채 끝나기도 전에 그런 쌍팔년도 이야기는 하지도 말란다. 1988년에 신혼인 내 이야기를 아주 오래전 이야기로 빗대어 말하는 것이다. 하긴 예전과 달리 요즘은 며느리들도 다 직장 생활을 하니 안부 전화할 시간도 없는 듯하다.

사실 며느리가 전화를 한들 할 말도 없다. 아들이 전화할 때 간혹 바꿔주기도 하니까 아예 안부 인사를 안 한 것도 아니다. 어쩌면 며느리가 안부 전화를 해야 한다는 생각은 시대에 뒤떨어져도 한참 뒤떨어지는 고정 관념인지도 모른다. 아들과 수시로 카톡으로 연락하기에 딱히 궁금한 것도 없다. 자기들끼리 잘 살면 그만이다.

21세기의 젊은이들에게 20세기 말의 젊은이가 “나 때는 말이야….” 해봤자 꼰대 소리만 들을 뿐 귀기울여 주지도 않는다. 오죽하면 ‘나 때는 말이야’와 발음이 비슷한 ‘라떼는 말이야’라는 풍자어까지 등장했을까. 나 때는 도서관에 가방만 올려놓고 한나절 나갔다 와도 가방 주인이 나타나면 아무 소리 안 하고 비켜줬다거나, 시어머니에게 날짜 정해놓고까지 안부 전화 했다는 이야기를 해봤자 호랑이 담배 피우던 시절 이야기일 뿐이다. 나 때는 안 그랬다고 항변하지만 내가 젊었을 때도 어른들은 ‘나 때는 말이야’ 하면서 그 시절의 젊은이를 나무랐다.

헬스클럽에도 얼마나 자리다툼이 있었으면 개인용품으로 자리를 맡지 말라는 안내문을 붙였을까 싶다. 우리가 살아가는 상황은 매시간 변한다. “나 때는 말이야….”라는 말은 젊은 사람들과의 관계만 벌어지게 할 뿐이다. 스마트한 시대에 어울리는 어른이 되기 위해서 ‘라떼는 말이야….’는 고이 접어 둬야 할 것 같다.

(2021. 4.)

'향수'의 고장

여행을 떠난다는 것은 언제나 가슴을 설레게 한다. 가을 여행이라는 낭만적인 단어가 주는 설렘만으로도 떠나기 전 이미 단풍 구경을 다한 느낌이다. 한국 현대시의 아버지로 불리는 정지용의 생가와 문학관으로 문학 기행을 가는 날이다. 스물세 명이나 참석해서 커다란 45인승 관광버스를 대절했다.

차 안에서 정지용의 시에 김희갑 선생이 작곡한 「향수」를 낮게 부르며 그 가사를 음미했다.

'넓은 벌 동쪽 끝으로 옛이야기 지줄대는 실개천이 회돌아 나가고….'

실개천이 흐르는 옆 벌판에는 얼룩백이 황소가 게으른 울음을 울고, 딱히 예쁠 것도 없는 아내가 따가운 햇살을 등에 지고 이삭을 줍는 한가로운 농가의 풍경이 그려진다. 언제 들어도 평화로운 고향의 냄새가 물씬 나는 노래이며, 마음을 평온하게 해 주는 시이다.

옥천 IC를 빠져나가 구읍으로 들어섰다. 담벼락마다 향수의 시구(詩句)와 그림이 그려져 있어 정지용의 마을이라는 실감이 난다. 문학관에 미리 예약을 해서인지 문화 해설사가 입구까지 나와 기다리고 있다. 조용한 시골 마을인데다 평일이라 관람객이 우리밖에 없어서 조용히 즐길 수 있었다.

해방 후 좌우 대립 속에 정지용은 월북 시인이라는 멍에를 짊어지게 되고, 그와 그의 문학은 한동안 우리에게서 사라졌다. 그리고 1988년, 그는 다시 우리에게 돌아왔다. 해금 조치 직후 정지용을 사랑하는 사람들이 모여 '지용회'를 만들고 그 이듬해 생가를 복원하였다 한다. 1996년 원형대로 복원되어 관리되고 있는 생가 옆엔 예전과는 모습은 달라졌지만 아직도 「향수」의 실개천이 흐르고 있다. 생가 툇마루에 걸터앉으니 한때 '정O용'으로 불릴 수밖에 없던 시인의 질곡의 세월이 느껴지는 듯하다. 일제강점기의 어두운 역사와 분단의 현실까지 가슴에 와 닿는다.

생가 옆에 붙어 있는 정지용 문학관으로 들어서자 우측 벤치에 시인의 밀랍 인형이 앉아 관람객을 맞는다. 문학관에는 시대적 상황과 지용의 문학을 연대별로 정리해 놓아 한국 현대시의 역사에서 그의 문학이 어떠한 의미를 갖는지 한눈에 알아볼 수 있다. 영상실에서는 정지용 사전이 따로 제작될 만큼 독특하고 창의적인 그의 시어와 문학 세계를 볼 수 있는 DVD가 상영되고 있다.

문학관을 나서자 걸어서 2분 정도의 거리에 옥주 사마소가 있다. 조선 중기에 지방의 생원과 진사들이 모여 유학을 가르치고 정치를 논했다던 그곳 마당에 들어서니 무와 곡식 말리는 것이 널려 있다. 때문에 설명을 듣기 전에는 사마소가 방앗간 같은 곳인 줄 알았다. 도지정문화재라 하던데 이 모습은 운치를 더하기 위한 콘셉트인지 관리 소홀인지 애매한 느낌이 든다.

사마소를 나와 조금 더 걷자 옥천 향교가 보인다. 그리고 그 옆에는 육영수 생가가 있다. 육영수 생가는 11월 말 개관 예정이라 아직 내부 살림살이와 유품 등은 전시되지 않아 건축물만 볼 수 있다. 문화 해설사가 내당의 섬돌이 세 개이면 안방마님이 기거하는 공간이고 두 개면 그 외의 여인이 기거하던 곳이라 한다. 처음 듣는 이야기라 흥미로웠지만, 그런 것에조차 차별을 두는 섬세함이 여자의 자존심인가 싶어 우습기도 하다.

구읍이 작은 마을인 탓인지 요기조기에 문화재며 문학관, 생가가 모여 있다. 산책 삼아 걸으면서 관람하기에 편하다.

구읍에서 유명하다는 묵밥과 묵 부침개, 묵 칼국수로 점심식사를 했다. 별 기대 없이 먹은 묵 칼국수의 맛이 환상적이라 왠지 봉 잡은 기분이 든다. 말린 묵과 들깨를 듬뿍 넣어 만든 칼국수는 여행의 즐거움을 더하기에 부족함이 없는 맛이다.

점심식사 후에 옥천의 호반 중 가장 아름다운 곳에 자리 잡았다는 장계 관광단지로 향했다. 공간 문화 대상을 수상한 시문학

아트 벨트인 이곳은 정지용 시인을 테마로 그의 작품 세계가 담긴 조형물, 정지용 문학상을 수상한 시인들의 시비를 한곳에 모아 '멋진 신세계'라는 주제로 조성되었다. 옥천의 구읍에서 장계관광지를 잇는 30리 길에 정지용을 소재로 미술 작품으로 꾸며 '향수 30리'라는 멋진 이름도 붙였다. 그러고 보면 옥천이라는 마을 전체가 정지용을 문화 상품화하여 다시 태어난 것이 아닌가 싶기도 하다.

원고지를 형상화한 모단 광장은 마치 롤러블레이드를 타야 될 것만 같은 모형이지만 바닥에는 역시나 금강의 강줄기와 함께 정지용의 시가 쓰여 있다. 계단을 내려가니 호반의 아름다운 풍광이 펼쳐진다. 산책로를 따라 곳곳에 시인들의 시비가 여러 조형물의 모습으로 자리하고 있다. 이미 시간이 늦었고 일행들이 피곤해해서 대충 훑어보고 돌아설 수밖에 없었다. 조금 일찍 왔더라면 좋았을 텐데 하는 아쉬움이 남는다. 문학 기행이라는 이름에 걸맞게 종일 정지용을 생각하고 느끼고 다시 바라보게 된 '참아 꿈엔들 잊힐 리야'가 머릿속에 맴도는 하루였다.

(2011. 5.)

혈액형 말고 MBTI

6월에 한 달간 프랑스로 여행 간다고 하자, C가 파리 여행 계획을 공유해 달라고 한다. 자신은 5월에 파리에 갈 거라며 내 성격엔 벌써 계획이 다 잡혀 있을 거 같단다. 물론 평소의 나라면 지금쯤은 어디에 갈 건지, 무엇을 볼 건지 정도는 끝냈을 것이다. 그러나 이번엔 파리에 살고 있는 친구의 딸이 안내해 줄 예정이기에 굳이 나서서 계획을 짤 필요가 없다. 사공이 많으면 배가 산으로 가지 않겠는가.

여행 계획에 관한 이야기를 나누다 화제가 성격 유형으로 바뀌었다. 내 성격은 전형적인 J일 거 같단다. 각자 자신의 MBTI를 얘기하는데 실제 성격과 많이 비슷하다. 검사 결과와 실제 성격이 비슷하다는 것보다 다섯 명의 MBTI가 다 다르고, 신세대도 아닌 아줌마들이 모두 자신의 MBTI를 알고 있다는 사실이 더 놀라웠다.

예전엔 사람들과 처음 만났을 때 호구조사를 한 후에는 의례 혈액형을 물었다. A형은 소심하고, O형은 활달하며, B형은 이기적이라든가, AB형은 공평하다는 등으로 특징을 규정하고, 혈액형으로 성격 궁합을 맞혀 보기도 했다. B형 남자는 나쁜 남자 스타일이고, A형 남자는 자상하다는 등으로 연애 스타일을 평가하기도 했다. 혈액형으로 상대방의 심리를 연구하고 연애 스타일을 익히며 마음에 들지 않는 부분이 있어도 원래 성격이려니 이해하려고 애썼다.

이제는 혈액형을 묻는 자리에 MBTI가 뭐냐는 질문이 대신한다. MBTI는 성격 유형 검사이다. 아들의 학창 시절에도 학교에서 성격 유형을 검사했지만 거기에 관심 갖는 사람은 본 적이 없다. 요즘은 인터넷 상에서 무료로 MBTI 검사를 하고, 결과도 볼 수 있다. 누구나 한 번쯤은 검사를 해 볼 만큼 유행이다. 아들도 자기랑 내가 잘 맞지 않는다고 여겨지면 MBTI를 들먹인다. 계획적인 J형의 나와 즉흥적인 P형의 자기와는 근본적으로 맞지 않는단다.

내 MBTI는 ESTJ로 엄격한 관리자형이란다. 성격 유형을 나타내는 캐릭터는 B사감(현진건의 『B사감과 러브레터』에 나오는 엄격하고 매서운 노처녀 사감)을 연상케 하는 안경 쓴 여성이 긴 자를 들고 있다. 마음에 들지 않는다. 딱 봐도 나랑은 전혀 닮지 않은 거 같다. 검사를 다시 해 봤다. 검사를 한 지 얼마 되지 않았음에도 문항 중 어떤 걸 다르게 체크했는지 ESFJ로 사교적인 외교관 유형으로 나왔다. '엄격한'이라는 관형어보다는 '사교적인'이라는 꾸밈어가 더 마음에 든다. 내 성격 유형을 ESFJ로 정하기로 했다. T(thinking)는 논리적이고 F(feeling)는 감정적이라는 차이가 있다고 한다. T와 F가 왔다 갔다 하는 걸로 봐서 내 성격은 이성적인 것과 감정적인 것의 접점에 있는가 보다. 사실 나이가 들면서 성격이 변하고 있다는 것을 느낀다. 예전에는 따지고 분석해서 결정했지만 지금은 그럴 필요가 없다. 남는 게 시간이니 이래도 좋고 저래도 좋다. 계획을 세우고 분석할 기운도 없다. 그냥 감정에 끌리는 대로 결정하는 경우가 더 많다.

인간은 다양하고 복잡하며 깊은 속내를 갖고 있는 존재다. MBTI는 네 가지 지표에 대해 개인의 선호도를 밝히는데, 총 16개의 유형으로 개인의 성격을 나눈다. 세상에 인구가 몇인데, 아니 대한민국 국민만도 오천만인데 어떻게 그 성격 유형을 단 16개로 나눌 수 있단 말인가. 그런데 모임에 앉아 있으면 열이면 열, 성격 유형이 다 다르다. 같은 모임에서 같은 MBTI 유형을 가진 사람을 본 적이 거의 없다. 어쩌면 그렇게 같은 유형의 성격을 가진 사람이 없는지 신기할 정도다. 성격 유형을 알면 그 사람을 이해할 수 있어 다툼을 피할 수 있다고 한다. 누군가 MBTI를 묻는다면 그건 상대방의 나를 이해하기 위한 노력이라고, 나에 대한 관심이라고 여기면 될 것 같다.

인간은 생각하는 동물이다. 생각이 있기에 상황에 따라 다르게 행동할 수밖에 없다. 즉흥적이고 감정적인 성격이라 해서 아무 계획 없이 여행을 떠나지 않는 것처럼, 계획적인 성격이라 해서 무작정 떠나고 싶을 때가 없는 건 아니다. 결과를 중요시하는 성격이라고 해서 과정을 놓치면 타인에게 공감할 수 없다. 공감이란 상대방과 나와의 친밀도에 따라 달라지기도 한다. 저 사람은 이성적인 사람이라 감정에 치우치지 않으니까 내가 이해해야 한다고 결심한들 그게 생각처럼 되겠는가. 이해는 잠시지만 서운함은 영원하다. 성격 유형을 알면 상대를 이해한다고 하는데 말처럼 쉬운 거 같지는 않다.

같이 여행 가기로 한 친구가 파리에 있는 자기 딸이 바빠서 아직 스케줄을 짜는 것도, 숙소를 구하는 것도 하지 못했다고 한다. 그러면서 나 같은 성격은 지금까지 아무 계획도 세워 놓지 않았으니 속이 타들어 갈 거라고 웃으며 말한다. 정작 나는 아무렇지도 않다. 나도 모르는 내 성격을 남이 어떻게 아는지 모르겠다. 나의 계획적인 성격이란 건 사실 선택적이다. 그때그때 다르다. 자유로운 영혼의 소유자라도 자신이 책임을 맡게 된다면 계획적으로 변할 수밖에 없다. 상황에 따라 다른데 '너는 그런 성격이라 이럴 거야'라는 확신은 사양하고 싶다. 재미로라면 모르겠지만 성격 유형이 절대적인 건 아니니 말이다.

(2023. 4.)

강제 휴가가 준 기회

거리가 한산하다. 서울 한복판 명동이 마치 인적 드문 시골 마을 같다. 문을 열지 않은 집도 있고 아예 폐업했는지 '임대'를 붙여놓은 가게도 많다. 우리나라 사람들뿐 아니라 관광객들로 북적거리던 명동이 썰렁하다 못해 을씨년스럽기까지 하다. 이런 상황에서 다시 강력한 '사회적 거리두기'가 시행된다. 앞으로 얼마나 더 많은 상가가 문을 닫게 될지, 얼마나 많은 사람의 피해가 계속될지 걱정이다.

코로나19로 인한 사회적 거리두기로 많은 사람이 경제적 피해를 봤을 뿐만 아니라 일상생활조차 제대로 하지 못했다. 나 역시 사람들을 만나지 못하고 취미 생활도 하지 못했다. 꼭 필요한 경우가 아니면 집 밖엘 나가지 않았다. 조금 진정 국면에 접어들었다고는 하나, 카페나 음식점같이 사람 많은 곳에는 가지 못하니 그때부터 집 앞에 있는 산에 올랐다. 둘레길을 걷고 나면 그나마 운동이라도 했다는 안도감에 마음이 편해진다.

산은 사람이 그렇게 많지 않으므로 2M 거리두기가 자연히 이루어진다. 맞은편에서 오는 사람과 스칠 때도 있지만, 서로 말을 하는 것이 아니니 침방울이 튈 일도 없고 다른 바이러스들도 다 바람에 흩어질 거 같아 안심이 된다. 코로나 청정지역이란 생각에 둘레길 입구에서는 마스크를 손에 들고 다녔다. 어찌 보면 지난 6개월여 동안 산은 답답한 숨통을 틔워 주는 탈출구였다.

그런데 사회적 거리두기가 2.5단계로 강화되면서 산에서도 마스크를 써야 한단다. 산에 가면 마스크를 벗고 숨을 쉴 수 있어 좋았는데 이제 그 자유조차 뺏기게 되었다. 나 하나쯤이야 하는 안일한 생각이 2차, 3차 감염을 일으키고 방역에 구멍이 된다는 걸 알지만, 사람이 별로 없는 산에서까지 마스크를 써야 한다니 우울해진다. 그러나 이런 시기에 마스크를 쓰지 않고 돌아다니면 내 건강도 문제지만 다른 사람에게 불안감을 준다. 전 국민이 겪는 불편함이니 참아내야 하고 지키는 수밖에 없다. 코로나가 지나가고, 치료제나 예방제가 생겨나도 이제 마스크는 우리의 일상이자 사회생활에서의 예의가 될 것 같다.

코로나가 확산되던 2월 말부터 6주 동안은 나가던 학원이 휴원하고, 모든 모임도 취소되었다. 다니던 헬스클럽도 문을 닫았다. 의도치 않게 모든 일상이 정지되고 여태껏 경험해 보지 못한

긴 휴가를 갖게 된 것이다. 무료함에 지친 어느 날, 그동안 썼던 글들을 다시 읽었다. 읽다 보니 교정을 하게 되고, 교정을 끝내자 책을 엮고 싶어진다. 그간 수필집을 출간하고 싶다가도 이렇게 책이 많은 세상에 굳이 나까지 나설 필요가 있을까 망설였다. 정리하고 나니 내 책을 내고 싶다는 욕심이 생긴다. 아마도 그간은 시간이 없어서 시도를 못 했을 뿐, 굳이 나까지라는 생각은 핑계였는지도 모른다.

1차 교정지를 받아들고 한 달이 다 되도록 제대로 읽어 볼 시간도 없을 만큼 바빴다. 아버님이 편찮으셔서 일주일에 2박 3일 당번을 섰다, 그 와중에 학원도 다시 나가게 되니 수업 준비도 해야 하는 데다가, 몇 개의 모임이 재개되었다. 그러다 보니 교정지는 받아들었는데 들여다볼 새가 없다. 짬을 내 교정을 보고 출판사에 보낸 후 이제야 2차 교정지를 받아들었다. 그런데 또다시 사회적 거리두기가 시행된단다. 자연스럽게 2차 강제 휴가를 갖게 되었다. 코로나 확산이 나에게는 시간을 벌어 준 셈이다. 위기는 기회라더니 코로나라는 국가적 위기는 내 책을 가질 수 있는 기회를 주었고, 아버님에게도 자식의 도리를 할 수 있는 기회를 주었다. 이전같이 모임이나 행사가 많았다면 시간을 할애하는 게 자유롭지 못했을 것이다.

이번 토요일에는 10월에 결혼하는 큰아이의 함을 보내야 한다. 원래대로라면 주말에 시댁에 갔다가 화요일에 돌아와서 수요일은 학원에 가야 한다. 임박해서 함에 들어갈 물품을 준비하려면 마음이 바빴을 것이다. 휴가 기간에 여유롭게 준비를 한다. 실내에서 50명 이상은 모일 수 없고 식사도 대접할 수 없다 하니 결혼식을 할 수 있을지 모르겠지만 일단 눈앞에 닥친 일은 해결한 것이다. 쉬어 보니 알겠다. 그동안의 삶에 쉼표가 필요했음을….

사회적 거리두기는 경제뿐만 아니라 사회적으로도 많은 피해를 끼친다. 음식점이나 카페에서 먹지 못할 뿐만 아니라 포장을 해 가면서도 열 체크를 해야 하고 방명록을 작성하는 등 일상에서의 불편함도 크다. 그러나 전염병의 확산을 차단하고 중증 환자의 급속한 증가를 막기 위해서는 사회적 거리두기가 최선의 방법이라고 한다. 더 이상의 피해 확산을 막기 위해서라도 두 번째 맞는 강제 휴가 기간에 사회적 약속을 잘 지켜야겠다.

(2020. 8.)

소풍

– 가을을 걷다

3호선 압구정역 현대 백화점 공영 주차장에서의 만남이 실로 얼마 만인가. 코로나19 이후 처음이니 최소 3년 만인가 보다. '수필문학추천작가회'에서 주관하는 단체 버스 여행의 출발지는 언제나 현대 백화점 공영 주차장이다. 오랜만의 만남을 도와주듯 하늘은 맑고 푸르며, 날씨는 춥지도 덥지도 않고 딱 좋은 가을날이다. 이번 문화탐방의 타이틀인 「가을을 걷다」도 마음에 든다. 가을에 어울리는 멋진 제목이다.

청주고인쇄박물관으로 들어가기에 앞서 직지에 대한 설명을 들었다. 흔히 직지심체요절로만 알고 있는 직지의 풀 네임은 '백운화상초록불조직지심체요절'이다. 2001년에 유네스코 세계 기록 유산에 등재되어 세계 최고(最古)의 금속 활자본으로 인정받았다. 고려 우왕 때인 1377년 흥덕사에서 간행된 직지는 그동안 우리가 알고 있던 구텐베르크의 '42행성서'보다도 78년이나 앞서 인쇄되었다. 세계에서 가장 먼저 금속 활자로 인쇄된 자랑스러운 직지의 실물은 안타깝게도 현재 우리나라에 없다. 약탈된 게 아니라, 개인이 정당하게 구입해서 프랑스 박물관에 기증한 것이라 프랑스로부터 돌려받는 건 어렵다고 한다.

박물관 입구의 계단에는 노란 꽃 화분을 직지라는 글자 모양으로 배치해 놓았다. 멀리서도 직지 박물관임을 한눈에 알 수 있는 데다 예쁘기까지 하다. 박물관은 미디어 아트와 디지털 체험 시설을 갖추어 놓아 직지 하나만으로도 지루하지 않게 관람할 수 있다. 출구 앞에는 화면에 나오는 글자를 전부 없어면 기념사진을 찍어 프린트를 해주는 곳도 있다. 움직이는 글자를 터치하는 건 보기보다 어렵다. 점핑도 하고 두 팔을 빠르게 휘저어야 했는데 옆에 계시는 분의 도움을 받았다. 고걸 하는 것도 혼자 힘으로는 힘드니 몸이 예전 같지 않음을 실감한다.

흥덕사지를 돌아보고 문의문화재단지에 가기 위해 다시 버스에 올랐다. 버스 안에서 방금 관람하고 나온 직지에 관한 퀴즈를 풀었다. '추천'이라는 구호를 가장 먼저 외친 사람에게 기회가 주어진다. 직지에 관한 퀴즈를 낸다기에 세 문제를 예상했다. 나온 문제는 세 문제였고 모두 예상한 문제이다. 그럼에도 불구하고 첫 문제는 구호가 늦어 기회를 얻지 못했다. 두 번째 문제인 직지가 유네스코에 등재된 연도를 맞추어 핸드크림을 상품으로 받았다.

중학교 3학년 때 학력경연대회라는 교내 장학 퀴즈에 나갔다. 강당에 있는 무대에 한 팀에 두 명씩 네다섯 팀쯤 올라간 것 같다. 답이 떠올라도 마음속에 생각만 하고 있을 뿐, 이상하게 먼저 벨을 누르지 못했다. 누군가 벨을 누르면 그제야 따라 눌러 정답을 맞힐 기회가 주어지지 않았다. 계속 남들 뒤에서 벨을 누르다가 드디어 내 벨의 불빛이 가장 먼저 번쩍였다. 그 문제가 무엇인지는 생각나지 않지만 정답은 지금까지 기억난다. 영어단어 'hot'이다. 그때 내가 '하시요(hot이요)'라고 대답하는 바람에 스펠링을 요구받았던 기억이 있다. 어릴 적이나 지금이나 기본적으로 난 순발력이 없다.

예전의 아픈 기억을 뒤로하고 보란 듯이 퀴즈를 맞히니 별거 아닌데도 기분이 좋다. 상품을 받았다는 즐거움에 어릴 적 소풍에서 보물을 하나도 찾지 못한 쓸쓸한 기억마저 상쇄되는 느낌이다.

문의문화재단지는 대청호로 인해 수몰 위기에 처한 문화재를 보존하기 위해 문화재와 인가, 옛 비석 등을 이전하거나 복원하여 만든 곳이다. 우리의 고유 전통문화를 재현하여 조상들의 삶과 얼을 되살리고 배우기 위해 설립되었다. 매표소가 마치 성의 입구 같다. 대청호미술관이 수리 중이라 아쉬웠지만, 성문으로 들어가자마자 보이는 성벽 위의 새(birds) 조형물과 광대한 대청호를 바라보며 금세 아쉬움을 잊는다.

지방유형문화재 제49호인 문산관을 보기 위해 언덕 위로 올라갔다. 문산관은 조선시대 문의현의 객사이다. 조선 중기 지방 관아의 건축양식을 연구하는데 중요한 자료가 되는 곳이라 대청댐이 완공되면서 이곳에 이전, 복원되었다고 한다. 문산관 앞에서 돌아서면 보이는 대청호는 장관이다. 이렇게 아름다운 풍경을 보기 위해서라면 계단쯤은 얼마든지 더 오를 수 있다는 허세를 부려볼 만큼 보고 또 봐도 질리지 않는다.

관람을 마친 후, 놀이마당에 앉아 게임을 했다. 감나무 가지에 리본을 매달고, 물풍선을 터트리지 않고 왕복하는 등의 단체 게임이다. 처음에는 쭈뼛거리던 사람들도 이내 이기기 위해 적극적으로 참여한다. 결속력을 다지기 위해서는 게임만 한 게 없는 것 같다. 상품이 걸렸을 때는 더욱 그렇다. 전원이 상품으로 마스크팩 한 장씩 나눠 들고 신나 한다. 상품이 아무리 작아도 받고 못 받고의 차이는 기분을 좌우한다.

게임 탓이었는지 퀴즈 상품에 들뜬 탓인지 이번 여행은 문학기행이라기보다는 소풍에 더 가까운 거 같다. 학창시절의 소풍처럼 신난 오늘, 자기 전에 일기를 쓴다면 어릴 적에 그랬던 것처럼 마지막 문장은 이렇게 쓸 것 같다.

'오늘은 참 재미있었다.'

(2022. 10.)

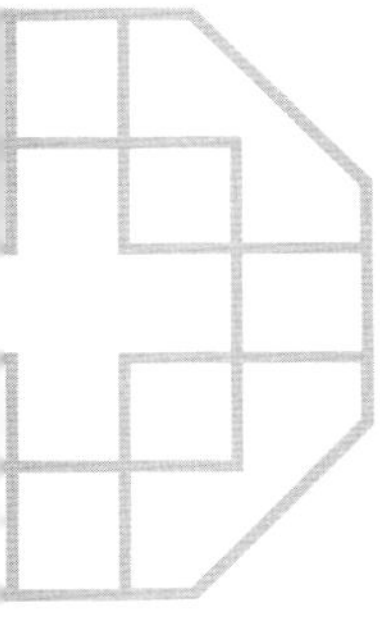
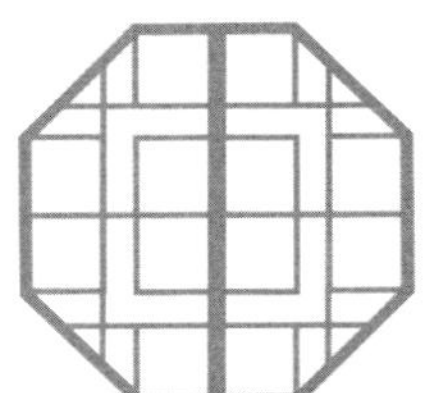
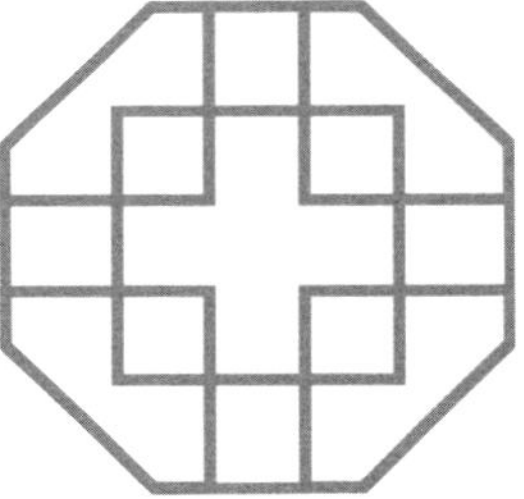

2

폭염이거나 폭우거나

적당한 때

규화나무가 작은 꽃망울 몇 개를 틔웠다. 이 나무를 구입한 해만 꽃을 보고 쭉 못 봤으니 이십여 년 만이다. 봉오리와 함께 새순도 쑥쑥 올라온다. 그 옆의 동백나무도 지지 않으려는 듯 연둣빛 새순을 피워낸다.

우리집 베란다엔 나무가 심어진 화분이 두 개 있다. 동백나무와 규화나무다. 동백나무는 결혼해서 살림날 때 남편의 짐과 함께 들어왔다. 시아버님께서 키우시던 분재를 보낸 것이다. 신혼 짐에 딸려 온 동백나무가 왠지 어울리지 않는 것 같기도 하고, 분재를 키워본 적이 없어서 당황스럽기도 했다. 그래도 잎이 반들반들하고 모양이 둥글어 귀히 자란 듯한 모습과 단아한 자태는 마음에 들었다. 겨울엔 빨간 꽃을 활짝 피우기도 했다.

그런데 어느 해부터인가 초록 잎이 갈색을 품더니 윤기

를 잃어 가며 아래로 처지기 시작한다. 큰 화분으로 분갈이를 해주고 영양제를 꽂아줬지만 나아지질 않는다. 꽃을 피운 게 언제인지 기억도 나지 않는다. 급기야 동백나무는 귀하게 가꾸어지던 분재라는 걸 스스로도 알아채지 못할 정도의 초라한 몰골이 되었다.

규화나무는 오래전 어느 봄날, 아파트에 장이 설 때 들어온 봉고차에서 구입했다. 크림빛의 꽃과 고급스러운 향이 발길을 잡았다. 내 손으로 나무 화분을 구입한 건 아마도 그때가 처음인 듯싶다. 화분에 나무를 키우는 건 별로 좋아하지 않는다. 신혼 때 집들이 선물로 들어온 행운목을 키웠는데 6~7년 지났을 때인가 꽃을 피웠다. 모두들 행운목에 꽃이 피는 건 흔치 않은 일이라며 좋은 일이 생길 거라고 축하해줬다. 그러나 정작 행운의 주인공인 나는 사진 한 장 찍어 놓지 않을 정도로 감흥이 없었다. 행운목은 꽃을 피우고 얼마 되지 않아 죽고 말았다. 행운의 나무가 죽고 난 후로는 나무를 키우고 싶지 않았다.

작년 가을, 제 맘대로 마구 자라서 키는 큰데, 잎은 몇 개 안 달린 앙상한 나무들이 눈에 들어왔다. 몇 년 동안 관심도 없었는데 갑자기 보기 싫다. 가위를 가져와 규화나무의 절반가량 되는 가지를 쳐냈다. 그 옆에 있던 동백나무도 예전의 둥근 모습을 흉

내 내며 거의 잘라낸다. 혹시 겨울에 동백꽃이 필지도 모르는데 꽃눈까지 쳐내는 건 아닐까 싶어 잠시 망설였다. 그러나 그런 일은 없을 것이다. 옆에서 보던 아이가 이렇게 과감한 성격인 줄 몰랐다고 할 만큼 베란다는 잘라낸 가지들로 가득하다,

봄이 온 걸 베란다의 나무들을 보고 알았다. 나름 모양을 잡아서 가지치기를 했는데 새순이 삐죽삐죽 돋아 다시 마구잡이가 된 것이다. 어느 순간 신기할 정도로 잎도 무성해져 있다. 그것만도 감지덕지인데 규화나무에 꽃망울마저 맺혔다. 단지 가지치기를 해줬을 뿐인데 잎이 무성해지고 꽃망울까지 틔우다니 신기하기까지 하다.

그동안도 매년 봄이면 새순은 돋았다. 그러나 그 잎이 자라면 원래 있던 진초록의 연륜 있는 잎들은 마른 잎이 되어 떨어져 나간다. 봄이면 새로운 잎은 언제나 피었지만 떨어지는 잎들로 인해 나무는 항상 비어 있다. 화분의 나무들이 꽃나무라는 사실을 잊고 산 지도 오래된다. 아직 마음을 놓을 수는 없다.

밥상을 차리고 아들을 부른다. 배가 고프다고 해서 급히 고기부터 구워 상에 올렸다. 샐러드용 채소를 씻어오니 핸드폰만 보고 있다. 짜증이 난다. 음식 식는데 안 먹고 뭐 하냐고 하자 엄마를 기다렸단다. 내가 한술 뜬 후에야 자기도 숟가락을 든다. 엄마가 어른이라 먼저 먹길 기다린 거냐고 물었다. 당연한 거 아니냐고 되묻는다. 그 당연한 일이 기특하다. 기특하고 예쁘다고 하자 물끄러미 쳐다본다.

"여태까지 그래왔는데 새삼스럽게?"

어쩌면 당연한 일이기에 신경 쓰지 않아서 아이가 나보다 먼저 수저를 든 적이 없다는 걸 느끼지 못했는지도 모른다. 나이가 들어서인가. 자꾸만 보이지 않던 것들이 보인다. 아들이 어렸을 때 어른보다 먼저 수저를 드는 게 아니라고 알려준 적이 있을 것이다. 어쩌면 어른보다 먼저 먹는 아이의 행동을 나무랐을지도 모른다. 자라기 전에 잘라낸 잘못된 행동이기에 서른이 된 지금도 하지 않는 것이리라. 다 자란 지금은 식사하면서 태블릿이나 핸드폰을 보지 말라고 해도 잘 듣지 않는다.

화분의 나무는 제한된 공간에서 누구의 관심도 받지 못한 채 자랐다. 덩치는 커졌는데 공간이 부족해서 영양분이 모자랐을 것이다. 빈 가지조차 영양을 나눠가니 잎이 제대로 자랄 리가 없다. 잘못된 가지는 진즉에 잘라내 줘야 했다. 가지치기로 몸집을 줄여주자 꽃봉오리가 나오기 시작한다. 자랄 때 관심을 줘야 하는 건 사람이나 나무나 마찬가지다.

며칠 동안 집을 비워서 오자마자 화분에 물을 주려 하니 아이가 줬다고 한다. 평소 자기들을 쳐다보지도 않던 아들까지 물을 줬으니 우리집 동백이랑 규화가 놀랐을 거 같다. 귀한 꽃망울이 펴보지도 못하고 떨어질까 봐 볼 때마다 조마조마하다. 비록 몇 개 안 되는 꽃봉오리지만 활짝 펼쳐질 그날을 기다리며 들여다보고 또 들여다본다.

(2022. 3.)

그러니까 사람이다

흐린 날과는 다른 느낌으로 주변이 약간 어둡다. 뭔가 푸른빛이 더 안정되고, 눈에 보이는 초록의 풍경은 익숙한 것 같으면서도 낯설다. 평소 둘레길 출발점에 서면 좌측으로 돌지 우측으로 돌지를 정한다. 그런데 오늘은 생각하느라 고개를 푹 숙이고 땅만 보며 그냥 걸었다. 눈을 보호한답시고 산에 오면서 처음으로 모자를 쓰고 선글라스까지 착용했다. 출발점이려니 하고 고개를 들었는데 한참을 더 걸은 것이다. 선글라스를 끼고 보는 세상은 평소 보던 세상과는 같은 듯 다르다. 잠시 서서 어디쯤인지 위치를 파악하며 숨을 고른다.

며칠 전에 건강검진을 했다. 시력검사를 하는데 왼쪽 눈을 가리니 단 한 글자도 읽을 수가 없다. 글자가 찌그러져서 마치 나비 무늬 같기도 하고 모래시계 같기도 하다. 글자가 물결처럼 흔들려 어지럽기까지 하다. 세 번을 다시 검사했는데도 마찬가지다. 병원 문을 나서며 바로 안과로 갔다. 격자무늬를 보여주는데 오른쪽 눈은 격자무늬가 여기저기 찌그러지고 무너진 데다 직선도 아니고 곡선으로 보인다. '황반원공'이라는 진단을 받았다. 수술을 해야 하므로 대학병원에 가야 한단다.

황반에 구멍이 생겼다는 소리를 들으니 당뇨망막증으로 실명하신 친정엄마가 생각난다. 실명할지도 모른다는 두려움이 온몸을 감싼다. 엄마는 가족력을 염려하여 안압검사 자주 받고 증상이 없어도 안과랑 친하게 지내야 한다고 늘 주의를 주셨다. 신경을 안 쓴 게 이제 와서 후회가 된다. 집에 들어오니 익숙한 환경에 안심이 된 탓인지 그제야 눈물이 난다. 나도 모르게 엉엉 소리 내어 울었다. 방에 있던 아들이 뛰어나와 안아주는데 아예 통곡을 했다.

여기저기 알아본 끝에 강남에 있는 눈 전문병원을 예약했다. 갑자기 배가 고프다. 금식한 데다 아침부터 병원을 두 군데나 다녀오고 오랜 시간 긴장된 마음으로 검사를 했다. 여기저기 전화하고 병원을 알아보느라 세 시가 다 됐으니 배가 고픈 게 당연하지 않겠는가. 그래도 위내시경을 했으니 나름 부드러운 음식을 먹는다고 냉장고에 있던 단팥죽을 데워 먹었다. 옆에서 아들이 실명할지도 모른다고 그렇게 울더니 단팥죽이 들어가냐고 묻는다. 자기는 엄마 걱정에 밥맛이 없어서 굶고 있는데, 정작 실명할지도 모른다고 울고불고하던 엄마는 평소 좋아하던 단팥죽을 챙겨 먹고 있으니 기가 막혔나 보다.

자식을 잃거나 남편이 죽어서 물 한 방울 못 넘기고, 잠 한숨 못 자고 앉아 있다가도 어느 순간 밥을 먹고, 쓰러져 자는 게 사람이라고 말했다. 전 재산을 잃고 길거리에 나앉아도 사랑하는 자식의 재롱에 미소를 짓는 게 사람이다. 걱정하며 형한테 전화하고, 인터넷에서 병원을 검색하고, 입맛 없다고 안 먹는다던 아들은 어느새 고기까지 구워 밥을 먹고 있다. 그래. 배고픈데 장사 없다. 산 사람은 무슨 일을 당하든 배가 고프면 먹고, 졸리면 자고. 다시 일상으로 돌아오기 마련이다.

저녁에 TV를 보면서 왼쪽 눈을 가려본다. 글씨는 찌그러졌다가 아예 글자가 없어지기도 한다. 연기자들은 모두 얼굴이 모래시계처럼 가운데로 몰려서 누가 누군지 알아볼 수 없다. 눈썹이 V자 모양으로 일그러지니 신나서 얘기하는데도 모든 배우들의 표정은 화가 나 있다. 이런 정도인데 그동안 전혀 몰랐다는 게 이해가 안 간다. 시력검사를 하지 않았다면 한쪽 눈에 이상이 생겼다는 걸 모르고 그냥 그렇게 살았을 것이다. 그러다 더 이상 손을 쓸 수 없을 때가 되어서야 알게 되지는 않았을까. 스스로에게 무심했던 자신에게 화가 난다.

다음 날 안과 전문병원에서 정밀검사를 했다. 보자마자 수술밖에 방법이 없단다. 마침 다음 주에 취소한 자리가 하나 있어서 바로 수술이 가능하다고 한다. 수술을 하면 1~2주 정도는 하루 종일 엎드려 있어야 하고, 시력 회복은 장담할 수 없단다. 황반에 구멍 났다고 해서 실명할 위험은 없지만, 눈에 가스를 주입하기 때문에 1년 내에 백내장이 올 확률은 거의 100퍼센트라고 겁을 준다.

등산은 수술 후 한 달 이후에나 할 수 있을 것이라는 말에 수술 전 마지막이라는 생각으로 산에 올랐다. 혹시라도 다시는 두 눈으로 보지 못하는 건 아닐까 생각하니 보이는 풍경 하나하나가 소중하다. 최소 한 달간은 이 길에 올 수 없다는 사실은 일상의 산책마저도 소중함을 느끼게 한다. 진즉에 한낮에 산에 올 때는 선글라스를 쓰든가 최소한 모자라도 썼어야 했다는 생각이 들지만 이미 늦었다. 사람은 소중한 것을 잃고 나서야 소중함을 알고, 위기에 닥쳐서야 그러지 말 걸 하고 후회한다. 그리고 그런 상황에서도 밥을 먹고 잠을 자며, 자신이 하던 일을 계속해서 해나간다. 산 사람은 그렇게 살아간다. 나도 그렇다. 그러니까 사람이다.

(2021. 4.)

너에게 나를 맡긴다

날씨가 좋다. 신난다. 친구와 여행을 가는 날이다. 팬데믹으로 1년여 넘게 여행은커녕 밖에 돌아다니지도 못했다. 친구가 지난 내 생일에 선물을 못했다며 호캉스를 제안했다. 승용차로 이동하고 호텔 방 안에 콕 박혀 있으면 되지 않겠냐는 것이다. 룸에 딸린 개별 사우나에서 우리끼리만 이야기하고, 조식 뷔페를 먹으며 우아한 아침을 맞는 것으로 선물을 대신하겠단다. 룸에 개별 사우나까지 있는 호텔에서의 숙박을 선물로 받기엔 부담스럽다. 사우나도 좋지만 봄을 맞아 산이나 바다를 산책할 수 있는 곳이 나을 것 같다고 하여 정한 곳이 양양 솔비치 호텔이다.

떠나기 전날 친구에게 전화가 왔다. 이번 여행은 생일 선물인 걸 명심하고, 모든 걸 자신에게 맡겨야 한단다. 마음 같아선 운전까지 하고 싶지만 그건 자신이 없으니 운전만 내가 하란다. 원래 생일인 사람이 밥 사는 거라고 하자, 그럴까 봐 미리 말하는 거라며 절대로 계산하겠다고 나서면 안 된다는 것이다. 알겠다고 대답하면서 재래시장 가면 각자 집에 가져갈 대게와 수산물을 고른 후 같이 계산해야겠다고 마음먹었다.

신나서 떠들다 보니 휴게소 한번 들르지 않고 호텔에 도착했다. 체크인 시간이 되지 않아서 프런트에 짐을 맡겨도 되냐고 물었다. 짐은 방에 두면 되고 혹시 나갔다가 다섯 시 이후에 돌아올 계획이면 룸을 업그레이드 시켜 주겠단다. 간혹 호텔 룸을 업그레이드 받았다는 이야기를 들으면 부러웠는데 우리에게 이런 행운이 오다니…. 호텔 직원도 이번 여행이 생일 선물인 걸 알았나?

점심식사는 호텔에서 간단히 먹기로 했다. 세 시부터 브레이크 타임이라는데 이미 두 시가 넘었다. 시간도 없고 배도 고팠기에 급하게 스파게티를 먹고, 경포대로 향했다. 푹푹 빠지는 부드러운 모래사장도 걷고 나무로 되어 있는 산책로도 걸었다. 파도치는 바다는 사진을 찍어놓고 보면 다 거기서 거기지만 파도가 몰려올 때마다 찍고 또 찍는다. 바람이 불어서 조금 춥다. 집을 나오면서 두꺼운 스웨터 하나를 챙겼는데 그게 없었으면 바닷가를 걷지도 못할 뻔했다.

바다가 보이는 2층 카페에 앉아 커피를 마셨다. 창가 자리는 마주보는 자리가 아니라 아예 바다를 바라볼 수 있도록 일렬로 두 자리씩 배치되어 있다. 커플이 아니면 창가 자리는 앉지도 못할 듯싶다. 이야기를 나누면 나누어서 좋고, 아무 말 없이 바다를 바라보고 있으면 또 그대로 좋았다.

길 전체가 대게집이라 어디를 가야 할지 모르겠다. 거의 끝쯤에 자리한 집에 들어갔다. 대게와 조개찜 세트를 주문했는데 둘이 먹기엔 양이 많아 보인다. 코스의 마지막인 대게라면은 아예 주지 말라고 했을 정도이다. 식사 후에 소화를 겸해 밤바다를 걸었다. 경포대에서 어울리지 않게 「여수 밤바다」를 흥얼거린다. 철썩거리는 파도 소리가 좋다. 낮에 걸었던 곳과 똑같은 모래사장과 산책로지만 밤에 느끼는 기분은 달랐다. 어느새 바람은 멈추었고, 아무것도 보이지 않는 어둠에 반짝이는 불빛들은 뭔가 아름답고 편안한 느낌이다.

새벽에 배가 아파서 잠이 깼다. 이리 누워보고 저리 누워 봐도, 화장실을 다녀오고 물을 먹어봐도 나아지질 않는다. 점심에 스파게티를 급하게 먹은 데다 대게에 조개구이까지 너무 많이 먹었다. 체한 거 같다. 배가 아파서 운전을 못하게 되는 것도 문제지만, 무엇보다 이번 여행의 하이라이트인 호텔 조식을 못 먹게 될까 봐 걱정이 된다. 친구가 깰까 봐 조심스러워 뒤척거리는 것도 신경 쓰인다. 6시쯤 핸드폰을 만지기에 배가 아프다고 말을 걸었다. 마침 바늘이 있다며 손가락을 따주겠단다. 자신 있게 바늘을 꺼내오더니 인터넷을 검색해서 딸 위치를 찾는다. 손을 처음 따본다는 말에 미심쩍었지만 친구에게 나를 맡기는 수밖에 없다. 검붉은 피가 나온다. 문득 배 아플 때 '엄마 손은 약손' 하면서 배를 손바닥으로 눌러 돌리던 게 실제로 효과가 있다는 기사가 떠오른다. 오직 조식을 먹어야 된다는 일념으로 누워서 '경희 손은 약손' 하면서 스스로 배도 문질렀다. 신기하게 아픈 게 나은 듯싶다. 대망의 호텔 뷔페에서 전복죽과 오믈렛을 먹고 커피를 마셨다. 맛있는 걸 눈앞에 두고도 못 먹는 게 아쉽긴 하지만 그래도 다행이다. 배 아파서 아무것도 못 먹으면 호텔 조식을 선물한다는 친구의 계획을 망치지 않겠는가.

낙산에 도착하자마자 괜찮다는 데도 친구는 약국부터 찾는다. 챙겨주는 친구 덕에 약을 안 먹어도 나은 듯싶은데 소화제까지 먹고 나니 아무렇지도 않다. 높은 곳에서 내려다보는 바다가 속을 뻥 뚫어 주는 것 같다. 낙산사를 한 바퀴 돈 후에 대포항으로 갔다. 친구가 대게를 안 산다고 버티는 바람에 내 대게를 찌기 위해 이십여 분 앉아서 기다린 셈이 됐다. 아무래도 친구가 나의 계획을 눈치 챈 듯하다.

친구에게 완전히 맡긴 이틀은 황후의 생일잔치를 한 것처럼 완벽한 힐링의 시간이었다. 고맙기도 하지만 미안한 마음도 크다. 그러나 우리의 만남은 이번이 마지막이 아니며 생일은 매해 계속 있다. 갚을 시간은 얼마든지 있다. 생일을 챙겨 주는 친구가 있어서, 나를 온전히 맡겨도 되는 친구가 있어서 좋다. 그동안 잘 살아왔다는 생각이 드는 오늘이다. 집으로 돌아오는 길, 내 오랜 벗에게 감사의 마음을 담아 말한다.

"이번 너의 생일은 나에게 너를 맡겨."

(2021. 4.)

책임감

작은아들에게서 전화가 왔다. 아들이 전화하는 건 일 년에 서너 번 있을까 말까 한 일이다. 평소 카카오톡 메시지만 보낼 뿐 급한 용무가 아니면 음성 통화를 하지 않는다. 할아버지네 있는 걸 알면서 이른 아침에 전화까지 하는 걸 보면 무슨 일이 생긴 것 같다.

떨리는 목소리로 무슨 일이냐고 물었다. 일이 생겨서 일찍 나가는데 집에 들어오면 밤 9시쯤 되어서 분리수거를 못 할 거 같단다. 엄마가 카톡을 안 읽어서 전화했다는 말에 피식 웃음이 난다. 분리수거는 10시까지니까 들어와서 해도 되고, 못 하면 다음 주에 하면 되는데 뭔 전화까지 하느냐고 했다. 무슨 대단한 정보라도 알게 된 듯이 "아~. 10시까지구나. 다녀와서 할게요."라며 밝은 목소리로 전화를 끊는다.

우리 아파트 분리수거일은 매주 월요일이다. 매주 일요일에서 화요일까지 시댁에 가기 때문에 근 2년 동안 분리수거는 아들이 담당해 왔다. 전에는 할 생각도 하지 않더니만 어느새 분리수거가 자신의 임무라 여겨졌나 보다.

2박 3일을 시댁에 있다가 집에 오면 앉지도 못한 채 밀린 집안일을 한다. 젖은 수건과 함께 바구니에 던져진 축축한 빨래들을 세탁기에 돌리고, 아이가 먹고 나간 설거지와 뒷정리를 한다. 마른 빨래를 걷어 개킨 후 제자리에 넣은 후엔 아들 방 정리를 한다. 침대 이불을 정리하고 벗어서 쌓아 둔 옷들을 옷 방으로 옮겨서 걸어 놓는다. 이 꼴 보기 싫어서 옷 방을 만들어 줬건만 항상 자기 방 의자에 쌓아두는 걸 이해하지 못하겠다. 방 정리가 끝나면 청소기를 돌리고 걸레질을 한다. 아들이 씻고 나간 흔적이 역력한 욕실도 닦아야 한다.

전에는 여기다 거북이 수조의 물을 갈아주고, 화분에 물주는 일까지 더했다. 가장 힘든 일이 수조의 물을 갈아주는 것이다. 물 빠지는 구멍이 없어서 수조를 기울여서 물을 버려야 하는 데

힘에 부쳤다. 어느 날, 인터넷을 보다가 사이펀을 발견했다. 어항용 물갈이 호스다. 물을 갈아줄 수 있는 호스를 수조 안에 넣고 바깥의 펌프를 몇 번 눌러주면 물이 배출된다. 세상에나! 이걸 이제야 알게 되다니….

수조를 테이블 위에 올려놓고 물갈이 호스를 사용하니 물 갈아주는 건 일도 아니다. 큰 수조로 바꾼 게 십 년도 넘었으니, 쓸데없는 고생을 십 년 넘게 한 셈이다. 사이펀을 구입한 이후로 집에 오면 아들이 이미 거북이 물을 갈아주고, 화분에 물도 줬다. 일이 하나 줄었다.

화요일에 집에 오면 아들은 거의 나가고 없다. 언젠가 집에 있기에 빨래를 개켜 달라고 하니 들은 척 만 척이다. 빨래를 개키면서, 둘이 사는데 왜 이렇게 일이 많은가 생각해 보니 나머지 한 명이 손 하나 까딱하지 않아서인 거 같다고 말한다. 성인이면 최소한 자기 방 정리는 해야 하는 거 아니냐고 하자, 엄마가 해주니까 안 하는 거란다. 독립시켜 주면 깔끔하게 잘하고 살겠단다. 깔끔하게 잘하는 걸 봐야 독립시켜 주지, 돼지우리 만들까 봐 못 내보낸다고 받아친다. 엄마는 그렇게 생각할 수도 있겠다며 우린 생각하는 게 너무 다르다고 한다. 본인이 독립해서 살 정도로 돈을 벌기만 한다면야 당장 나가도 말리진 않겠다.

작은아들이 군대에 갔을 때는 자기 방 정리조차 안 하던 큰아들 역시 분리수거를 해 줬다. 방과후수업 강사를 할 때다. 월요일에 수업이 있었는데 5시쯤 집에 오면 아이가 분리수거를 해

놨다. 큰애는 월요일에 학교에 가지 않았다. 월요일에 나갈 일이 생기면 죄송하지만 엄마가 분리수거를 해야 될 거 같다고 카톡을 보냈다. 내가 분리수거를 하는 게 새삼스럽게 왜 자기가 죄송한 일인지 의아했다. 월요일에 내가 일을 나가니까 분리수거는 집에 있는 자신의 일이라 여긴 것 같다.

생각해 보면 작은아들이 하지 않는 건 자기 방 정리뿐이다. 화요일에 오면 싱크대에 설거짓거리가 있긴 하지만 일요일과 월요일의 설거지는 다 해 놨다. 언제부터인가 종량제 봉투를 묶어서 현관 앞에 두면 나갈 때 버려준다. 밥을 먹지 않고 늦게 들어온 날엔 알아서 먹겠다고 주방 근처에는 오지도 못하게 한다. 물론 설거지는 하지 않지만 말이다. 내가 아플 때는 밥도 하고 청소며 빨래도 다 해줬다. 매주 분리수거도 하고 일주일에 한 번이지만 거북이 물을 갈아주고 화분에 물도 준다.

아들이 집안일을 도와주지 않는 건 엄마가 집에 있다는 단순한 이유다. 정리 정돈 잘하는 아이로 키우고 싶으면 어렸을 때부터 자신의 방을 청소하는 습관을 길러줬어야 했다. 자신의 일이라고 생각하면 저렇게 책임감을 갖고 잘 하지 않는가. 내가 아프거나 집에 없으면 기본적인 건 다 하는데 손가락 하나 까딱하지 않아 힘들다고 하면 아들 입장에서는 다소 억울한 면이 있을 듯싶다. 아들에게서 생각하는 게 다르다는 소리를 듣지 않으려면 재활용 쓰레기를 베란다에 쌓아두지 않는 것만으로도 감사하며 살아야 한다.

(2022. 4.)

익숙함에 대하여

오른쪽으로 난 샛길로 들어선다. 불과 얼마 전까지만 해도 둘레길을 벗어나면 큰일이라도 난 듯이 원래의 길을 찾아 헤맸다. 길을 잃은 것 같아서다. 지금은 둘레길을 걸으면 재미가 없다. 익숙함이 주는 지루함 때문이다. 그 익숙함은 운동을 한다는 기분이 들지 않게 하기도 한다.

처음 둘레길을 벗어나 산속으로 들어설 때는 약간의 용기가 필요했다. 지나다니는 사람도 별로 없는 그 길은 낯설었다. 낯설다는 건 어쩌면 두렵다는 말의 다른 이름인지도 모른다. 새로운 길이 익숙해지니 비로소 사람들이 보이고, 나무가 보이고 또 다른 길이 보이기 시작한다. 봄이 돼서인지 걷는 사람들이 많아졌다. 날은 좋고 사회적 거리두기로 갈 데가 없는 사람들이 다 산에 모였나 보다. 철쭉도 개나리도 피기 시작한다. 익숙한 봄의 풍경이,

봄의 냄새가 마음을 편하게 한다.

둘레길 안쪽으로는 또 다른 둘레길(?)이 있다. 둘레길이 커다란 원이라면 안쪽 길은 작은 원이어야 하지만 산의 안쪽엔 샛길이 너무도 많다. 올라갔다 내려갔다, 그날그날의 기분에 따라 모양은 달라진다. 때론 지루함이 낯선 길을 선택하기도 하지만, 선택한 그 많은 산길을 일일이 다 기억하지 못하기 때문이다. 우스운 건 안쪽으로 돌다가 둘레길과 접할 때가 있는데, 그땐 잘못 왔다는 낭패감에 다시 샛길을 찾아 숲속으로 들어간다는 것이다. 전에는 이 길에 들어서면 길을 잃었다고 생각했는데 말이다. 지금은 둘레길이 제 길이 아닌 듯 여겨진다. 낯설어 꺼렸던 길도 몇 번 다니면 곧 익숙해진다. 익숙한 바위와 눈에 익은 물줄기가 보이면 내 발은 나도 모르게 가보지 않은 길로 발길을 돌린다. 맞게 가는 길인지 아닌지는 그냥 내 맘먹기에 달린 것이다. 길이야 어디를 걸으면 어떤가. 어차피 다 산속이고 목적지가 있는 것도 아닌데….

침대를 구입하고 사은품으로 모바일 기프티콘을 받았다. 사용하려면 번호를 입력하고 마트의 기계에서 실물 상품권을 뽑아야 한단다. 요즘은 거의 온라인 쇼핑으로 장을 봐서 오랜만에 대형마트에 간다고 생각하니 설레기까지 하다. 온라인 쇼핑을 할 때는 내가 필요한 것을 검색해서 장바구니에 담거나 사진을 하나하나 보면서 살 것을 정한다. 그러다 보니 매번 그 밥에 그 나물이다. 채소라고는 샐러드거리와 호박, 가지 정도만 사다가 진열되어 있는 걸 보니, 달래며 방풍나물 등 평소에 잘 먹지도 않는 것들도 바구니에 넣는다. 오랜만에 마트에서 실물을 보니 흥분된 탓이다. 이게 다 집에 가면 일인데 미처 생각을 못했다. 싱싱한 샐러드용 채소는 얼마나 종류가 많은지, 1+1 제품은 왜 그렇게나 많은지 카트는 차고도 넘쳐 계산을 하는데 상품권의 열배는 쓴 거 같다. 마트에서 장을 보는 것 또한 익숙한 일상인데 코로나로 집콕하다 보니 일상마저도 새로운 것이 되어버렸다. 이제는 차를 끌고 마트에 가는 것보다 핸드폰 화면에서 장바구니에 담아 배달을 시키는 게 더 익숙한 듯싶다. 익숙한 게 더 편하다.

요즘 아동학대에 대한 기사가 많다. 계모나 계부가 아이를 때려서 장이 파열되어 죽음에 이르게 하는 것도 놀라운데, 친부·친모가 아이를 학대하여 죽음에 이르게 하는 건 뉴스를 보면서도 믿기지 않는다. 짐승도 자기 새끼는 먹이고 재우고 예뻐하는 것이 본능이건만 어떻게 엄마가 세 살짜리 자기 아이를 홀로 집에 두고 굶어 죽게 하는지 이해할 수 없다. 더군다나 얼마 떨어지지 않은 곳에서 재혼한 남편과 아이까지 낳아 살고 있다는 사실은 끔찍하기까지 하다. 이런 일들은 되풀이되고 자꾸 접해도 익숙해지지 않는다.

그런데 문제는 너무나 놀라운 이런 사건도 자꾸 반복되고, 후속 기사가 계속 올라오면 피로감이 생겨 제대로 보지 않게 된다는 점이다, 비슷한 사건이 생겨도 “또?” 하며 무관심해지고 분노

지수도 낮아지는 것 같다. 반복되면 익숙해지고, 익숙해지면 무관심해지고, 무관심해지면 결국 윤리나 도덕마저 잃게 되는 건 아닐까 두렵다.

익숙함은 하루아침에 생기지 않는다. 시간을 투자해서 반복해야 생기는 감정이다. 반복이 주는 익숙함은 긴장을 풀어주고 여유를 준다. 익숙함은 주어진 걸 당연하게 여기게 되고 편안함을 느낀다. 사람이 없고 으슥한 산속 길을 별 두려움 없이 걷게 되는 것도 반복으로 인한 익숙함 때문이다. 비윤리적인 일들도 자주 접하게 되면 익숙해지게 되는 건 아닐까 걱정이 된다. 익숙함은 필요한 것이지만 이런 사건은 절대로 익숙해지고 싶지 않다. 인간이기를 포기한 사건들이 익숙함에 아무렇지 않게 받아들여지지 않기를, 익숙함에 타인의 아픔에 무감각해지지 않기를 소망하며 새로운 샛길로 들어선다.

(2021. 3.)

분위기

글을 써야 한다는 의무감에 노트북 앞에 앉는다. 쓸 거리가 없다. 30여 분 동안 핸드폰만 뒤적일 뿐 글은 진전이 없다, 누구나 그렇겠지만 평소에는 머릿속에 뭔가 떠오르는 게 있을 때 글을 쓰기 시작한다. 하다못해 소재라도 있어야 하건만, 오늘은 아무 생각 없이 일단 자리부터 잡고 앉았다. 숙제(?)를 가져가야 한다는 부담감이 강하게 들어서다.

매주 수요일 고려대학교 평생교육원 수필창작반에 나간다. 2009년부터 다니기 시작했으니 벌써 14년째이다. 같이 공부하는 문우들은 대부분 10년 이상 함께 했다. 이름을 밝히지 않고 작품을 읽어도 누구의 글인 줄 알만큼 오랜 시간이 지났다. 늘 비슷한 분위기의 글과 같은 사람들, 편안함과 타성에 젖어 작품을 써 가는 날보다 그냥 밥이나 먹으러 가는 날이 더 많아졌다.

그런 나날들이 계속되던 어느 가을, 여러 명의 새로운 글벗들이 한꺼번에 등록을 했다. 새로 오신 분들이 매시간 글을 써 온다. 거기다 기존의 문우들도 어느 날부터인가 매주 글을 써 오기 시작한다. 이런 분위기가 아니었는데 하는 순간, 어느새 우리 반에서 글을 안 써 오고 버티는 사람은 나만인 듯싶다.

작년 봄 학기 시작할 때 이제부터 나도 매주 작품을 써 오겠노라 결심했다. 일주일에 2박 3일을 시댁에 가는 일상 속에서도 매주 한 편씩 수필을 쓰며 나와의 약속을 지켰다. 3월 한 달간 4편의 글을 쓰고 만족해하는데 눈에 이상이 온 걸 알았다. 황반에 구멍이 났다고 해서 급히 수술을 했다. 구멍을 막기 위해서는 눈에 가스를 주입하는데 한 달 이상 엎드려 있어야 한단다. 수술한 눈은 가스가 차서 아무것도 보이지 않는 데다 밥을 먹거나 화장실 갈 때도 고개를 숙여야 하는 상황에서 글을 쓴다는 건 상상할 수도 없다.

수술은 잘 됐다는데 책을 읽거나 컴퓨터를 들여다보는 게 편하고 자연스럽지는 않다. 황반의 구멍이 다 막혀졌어도 글자가 굴절되어 보이는 건 여전하다. 한쪽 눈을 가리고 수술한 눈으로 보면 직선은 들쑥날쑥하고 사람들의 얼굴은 모두 갸름하게 보인다. 양 눈으로 보더라도 이따금씩 중간중간 글자가 비어져 읽지 못할 때가 있다. 기분 탓인지 눈이 항상 피곤하다. 엎어진 김에 쉬어 간다고 눈을 핑계 삼아 글을 쓰지 않았다.

가스를 주입한 눈은 1년 이내에 백내장이 올 확률이 100%라고 한다. 나는 2개월 만에 백내장이 시작됐다. 수술 후유증으로 생긴 백내장이라 그런지 진행이 빠르다. 추석이 지나고 또다시 눈 수술을 받았다. 백내장 수술을 한 사람들이 수술 후 세상이 환해지고 원시도 해결됐다며 만족해하는 말을 많이 들었다. 연달은 눈 수술이 겁은 나지만 노안도 해결되고 지금보다 더 좋아질 것이라는 기대감이 든다.

그런데 망막 수술을 한 눈은 노안과 근시를 교정하는 다초점 렌즈를 삽입할 수 없단다. 단초점 렌즈라도 근시 교정은 가능해서 왼쪽 눈과 비슷하게 보일 거라더니 시력이 0.3밖에 나오지 않는다. 거기다 세상이 마치 도수 높은 안경을 쓴 것처럼 보여 때론 어지럽기까지 하다. 이런 불편한 눈으로 노트북을 들여다보며 글을 쓰는 건 내 눈에게 옳지 않은 행동이다.

가을이 끝나갈 무렵에 『수필 문학』 11월 호를 받았다. 추천완료 된 분을 보니 우리 반에 새로 등록했다가 쉬고 계시는 J선생님이다. 암 투병 중이시라고 들은 터라 깜짝 놀랐다. 생사를 가르는 길목에서도 글을 쓰고 등단이라는 새로운 목표에 도전하신 선생님이 대단하다는 생각이 든다. 한쪽 눈은 멀쩡함에도 불편한 눈을 핑계로 글쓰기를 포기한 내 자신이 부끄러워진다. 그 밤에 바로 글을 썼다. 나보다 더 어려운 상황에 놓인 사람이 '그럼에도 불구하고 심는 사과나무'는 나를 반성하게 한다.

올해 개강 날, 수필반에 새로운 글벗이 두 명이나 들어왔다.

그런데 새로 온 분이 매시간 글을 써 온다. 지난 시간엔 출석자 전원이 작품을 가져오기까지 했다. 눈치가 보인다. 혹시 이번 주에 나만 빈손으로 가는 건 아닐까 걱정스러워 책상 앞에 앉는다.

문득 '맹모삼천'의 고사가 떠오른다. 맹자의 어머니가 자식 교육을 위해 세 번이나 이사 간 까닭을 알 것 같다. 매주 작품을 써 오는 글벗들을 보면서 어른인 나도 이렇게 부담감을 느끼고 본받으려고 하지 않는가. 놀기 좋아하고 주변 사람들을 따라 하기 좋아하는 어린 맹자는 오죽했으랴.

분위기가 얼마나 중요한지 새삼 알겠다. 부담감은 조금 있지만 그래도 은근히 나를 압박하는 이 분위기가 좋다. 이런 분위기가 아니라면 눈이 불편함을 핑계 삼아, 시아버님 간병을 구실로 글은 안 쓰고 구경꾼으로 한 학기를 보낼지도 모른다.

무엇을 쓸지 정하지 못하고 노트북을 켰지만, 결국 이 부담감을 소재로 한 편의 글을 썼다. 사람은 역시 좋은 환경에 있어야 한다.

(2022. 3.)

까마중은 어디에서 왔을까

흰 꽃이 진 자리에 까맣고 동그란 열매가 열렸다. 재스민에 열매라니 뭔가 이상하다. 구글에서 사진을 찍어 검색한다. '까마중'이라고 나온다. 못 미더워 네이버에서 찾아보고, 다음을 뒤져봐도 마찬가지다. 아니 재스민 화분에 웬 까마중이란 말인가.

화창한 봄날에 화원 앞을 지나갔다. 아무리 식물 키우는 걸 좋아하지 않는다 해도 이런 날 꽃집을 그냥 지나치는 건 반칙이다. 그때 스투키가 썩어 들어가는 게 생각났다. 스투키는 상견례 때 아들, 며느리가 화분에 예쁘게 잘 살겠다는 메시지까지 적어 양가에 선물한 것이다. 애들이 보면 마음 상할 거 같아서 교체해야겠다고 생각하던 참이다. 작은 화분에 빽빽이 들어서 있는 스투키와 빈 화분 세 개를 샀다.

시든 스투키를 뽑아내고 새로 사 온 아이들을 옮겨 심는다. 집에 있던 스투키는 썩은 것도 있지만 그 옆에 새순이 나오는 것도 여러 개 있다. 새순 역시 작은 화분에 옮긴다. 작년에 선물 받은 수국 화분은 귀퉁이에 조그맣게 재스민이 심어져 있다. 선물한 사람이 특별히 부탁하여 심어왔다고 한다. 하는 김에 수국에 더부살이를 하고 있는 재스민을 새집에 이사시켜 준다. 수선화도 월동을 끝내고 쑥쑥 자라기에 예쁜 화분에 분갈이를 해 주었다.

재스민을 옮겨 심을 때, 가지 하나가 삐죽이 나와 있어서 망설이다 잘라냈다. 봄에 새잎이 날 때는 가지치기를 하는 게 아니라는 걸 들은 적이 있다. 그래도 작년에 꽃이 필 시기에 가지치기를 한 동백나무가 잘 자라는 것이 떠올라 그냥 저질러 버렸다.

역시나 가지를 잘라낸 쪽에서만 연초록 새잎이 쑥쑥 자란다. 쑥쑥 자라는 걸 넘어서 키가 나머지 가지의 두 배는 된다. 하얀 꽃도 그 가지에서만 폈다. 내 선택이 옳았음에 뿌듯해진다. 키가 큰 가지의 잎들에 가려서 아래에 있는 다른 잎들이 자라지 못하는 거 같다고 느끼면서도 아무 의심이 없었다.

꽃이 지고 열매를 맺고서야 뭔가 잘못되고 있다는 걸 깨달았다. 스투키 새순과 재스민, 수선화까지 새 화분에 옮기기에는 아무리 화분이 작다 해도 흙이 부족할 것 같았다. 경비아저씨에게서 아파트 화단의 흙을 조금 얻어 왔고, 봉화산에서 종이컵에 흙을 한 컵 담아 왔다. 까마중은 화원에서 온 스투키 화분과 아파트 화단, 봉화산의 흙 중 도대체 어디에서 딸려 왔을까?

검색한 김에 까마중에 대해 알아본다. 까만 열매가 약용으로 쓰인다고 한다. 기관지에도 좋고 피로회복제로도 쓰인다니 살짝 욕심이 난다. 그래도 그게 얼마나 된다고, 주객이 전도되는 걸 모른 체할 수는 없다. 재스민을 위해 까마중을 뽑아내려고 잡아 당겼는데 꼼짝을 안 한다. 나무젓가락으로 살살 파다가 그 뿌리가 얼마나 깊은지 파낼 수가 없어서 그냥 가위로 잘라냈다.

까마중을 잘라낸 지 얼마 되지 않아 재스민 화분에 변화가 찾아왔다. 봄도 아닌 이 가을에 연한 아기 잎이 나오기 시작한 것이다. 까마중이 어디서 왔든지 재스민의 성장에 걸림돌이 된 사실엔 변함이 없다. 원인을 찾으니 해결은 간단했다.

살다 보면 도대체 어디서부터 잘못됐을까 싶은 일이 있다. 원인을 찾아내면 의외로 쉽게 해결되는 일도 있고, 되짚고 되짚다

원인을 찾아낸들 이미 해결할 수 없는 일도 부지기수다. 어디서부터 잘못됐느냐를 따지기보다는 잘못된 데서 어떻게 대응하는지가 중요하다.

방미 중 대통령의 비속어 사용이 논란이다. 윤 대통령의 발언에 MBC가 말하지도 않은 '미국'과 확실하게 들리지도 않는 '바이든'이라는 자막을 입히고 가장 먼저 보도했다고 해서 여권 인사들이 MBC를 조작 방송으로 고소했다. 최초로 인터넷에 동영상이 유포된 시간을 들먹이고 민주당과의 유착 의혹을 제기하는 걸 보면 갑갑해진다. 이미 국내뿐만 아니라 해외 언론에도 미 의회와 바이든에 대한 욕설로 보도되었다.

자막이 잘못됐으면 바로 정정하고, 발언 취지에 대해 해명하고 이해를 구했어야 했다. 국회가 승인 안 해 줄까 봐 걱정돼서 한 개인적인 발언이었지만 품위 없는 언어 사용으로 국민에게 심려를 끼쳐 죄송하다고 했으면 끝날 일이다. 누가 생각해도 그 상황에서 우리 대통령이 바이든 걱정할 입장은 아니지 않는가. 15시간이 지나서야 미 의회가 아니라 우리나라 국회를 말한 거였고, 바이든이 아니라 '날리면'이라고 한 해명은 늦은 감이 있다.

물론 MBC가 공개할 필요도 없는 사적인 대화에 친절하게 사실과 다른 자막까지 입혀 보도한 건 잘못이다. 그러나 욕설의 대상이 미국 의회가 아니라 대한민국 국회였다 하더라도, 전 세계가 지켜보는 가운데 우리 대통령이 'X 팔린다'와 같은 비속어를 사용했다는 본질은 변하지 않는다. 이미 엎질러진 물은 누가 쏟았는지를 찾는다고 해결되는 건 아니다. 어떤 경위로 누가 먼저 방송을 했느냐를 따지는 건, 까마중이 어디서 왔는지를 따지는 것과 다를 바가 없다. 국익에 도움이 되지 않는 걸 뻔히 알면서도 앞장서서 일을 키우는 야당이나, 대통령 발언의 책임을 언론사에 전가하려는 듯 비치는 여당이나 대응이 아쉽기는 마찬가지다.

까마중이 어디서 왔는지는 중요하지 않다. 중요한 건 화분의 주인인 재스민이다. 까마중을 잘라낸 재스민의 연초록 새잎은 오늘도 가을 햇빛에 반짝인다.

(2022. 9.)

그게 나니까

젊은 그를 보는 늙은 그녀의 심장이 두근거린다. 드라마 속 '늙은 나'는 젊은 시절의 남편을 만나자 흥분해서 분노한다. 그러나 그녀의 심장은 젊은 그를 보면서 자신의 의지와 상관없이 쿵쾅쿵쾅 뛰기 시작한다. 심장 뛰는 소리가 그대로 그에게 전달될 것만 같아 보는 내가 불안하다. 융통성 없고 타협을 모르는 남편의 성격 탓에 고생스럽게 살다가 망했다고 원망하지만, 눈앞의 젊은 그는 불의를 보면 참지 못하고 원칙을 지키는 멋진 남자다. 그와의 결혼을 되돌리고 싶어 목숨을 걸고 과거로 돌아갔으면서도 젊은 시절 대쪽같이 꼿꼿하던 그 남자를 사랑하던 기억에 본능적으로 반응하는 장면이 인상 깊다.

'늙은 나'가 타임머신을 타고 과거로 돌아가 '젊은 나'에게 자신의 인생을 변화시킬 수 있도록 충고한다는 다소 말도 안 되는 설정의 드라마이다. 이런 내용의 드라마에 관심 가질 나이는 아니지만 첫 회를 보고 나니까 스토리가 궁금해져서 요즘 시간 맞춰 본방을 사수하고 있다. 드라마를 보면서 문득문득 과거로 돌아갈 수 있다면 과연 어느 시점으로 돌아가야 내 인생을 바꿀 수 있을까 생각해 본다.

남편을 처음 만나던 그날 신촌의 다방으로 가서 그가 화장실에서 돌아오기 전에 급한 일이 있다고 떠난다면 그를 만나지 않게 될까? 아니 그보다 조금 더 전으로 돌아가 갑자기 나오라는 친구의 부탁을 거절한다면 그를 만나지 못하게 됐을까? 그러나 그와 내가 같이 할 수 있는 시간이 아주 짧다는 사실을 알고 과거로 돌아가더라도 젊은 나는 늙은 내 뜻대로 움직이지는 않을 것 같다. 스물다섯의 그녀는 간곡하게 나오라는 친구의 부탁을 거절할 주제도, 약속 장소에 도착해서 앞의 빈자리를 바라보며 그 자리의 주인이 나오기도 전에 자리를 뜨는 행동을 할 인물도 못 된다. 늙은 내가 저 남자는 너를 혼자 남기고 떠날 것이라고 아무리 속삭여도 이미 그와 눈을 마주치고 마음을 빼앗긴 젊은 나의 마음을 되돌릴 수는 없을 것이다. 이제 사랑을 시작하려는 그녀가 자신의 확인할 수 없는 미래 때문에, 바꿀 수 있을지도 모르는 미래 때문에 사랑 앞에서 사랑을 외면하지는 않을 것이기 때문이다.

몇 년 전에 짝사랑으로 끝난 내 첫사랑이 사실은 짝사랑이 아니었음을 알게 되었다. 스무 살 시절로 돌아가 그를 바라보는 나에게, 그의 마음속에 내가 있다고 마음을 표현하기만 하면 저 사람은 넘어올 것이라고 채근해도, 그가 먼저 사귀자는 말을 할 때까지 기다리기만 하다가 또다시 놓쳐버릴 것이다. 아니 그 순간에 고백을 하더라도 이후에 생기는 많은 상황 앞에서 그 역시 딴사람이 되지 않는 한 인생은 바뀌지 않을 것이다.

지난 연말쯤 신문에 연봉이 높은 금융 공기업 30위권이 발표되었다. 내가 다니던 회사가 9000만 원이 훌쩍 넘는 연봉으로 2위에 이름을 올렸다. 그 생각을 하면 이십 대 중반의 나에게로 가서 절대 회사를 그만두지 말고 능력 있는 커리어 우먼이 되라고 다그치고 싶다. 그러나 스물여섯의 나는 우리 아들 밥은 어떻게 하냐는 예비 시어머님의 말씀이 끝나기가 무섭게 "저 결혼하면 회사 관둘래요."라고 말할 것이다. 21세기에는 여자들도 다 자기 일을 가지며, 이 기업이 신의 직장으로 칭송받는다고 알려줘도 시어머님의 눈밖에 날까 전전긍긍하며 미련 없이 회사를 박차고 나오리라.

젊은 시절을 생각해 보면 '그때 그러지 말았어야 하는데….' 혹은 '그랬어야 했어.'라는 후회가 들 때가 있다. 그러나 타임머신을 타고 그 자리로 돌아가도 왠지 같은 선택을 할 것이라는 생각이 든다. 세월을 견뎌내면서 얻어낸 삶의 지혜와 경험에서 알게 된 것들을 젊은 나는 이해할 수 없을 테니 말이다. 미래에서 온 내가 삼십여 년 더 살면서 알게 된 진실과 축적된 경험을 바탕으로 아무리 얘기한들 젊은 나의 성격이나 가치관이 변하지 않는 한 결과는 바뀌지 않을 것이다. 살아보니 그게 잘못된 선택이었고 후회가 되더라는 마음이 들지라도 그 당시엔 그게 최선의 선택이었을 테니까…. 다시 과거로 돌아가도 같은 선택을 할 수밖에 없는 건 아마도 그게 나이기 때문일 것이다. 같은 상황에서 다른 선택을 한다면 그게 과연 나이겠는가.

'늙은 나'는 과거로 돌아가 끊임없이 '젊은 나'에게 운명을 바꿀 것을 종용한다. 그러나 흐트러짐 없이 반듯하고 자신의 일에 확신을 갖는 그에게 빠지는 '젊은 나'를 '늙은 나'는 더 이상 어찌할 수가 없다. 이 남자와 결혼하면 불행해지는 걸 뻔히 알면서도 '젊은 나'는 그 남자를 버릴 수가 없다. 결과가 어떻게 될지는 아직 드라마가 끝나지 않아서 모르겠지만 그녀는 인생을 되돌리지 못할 것 같다. 사람의 성격이나 상황, 가치관 등이 바뀌지 않았는데 과거로 돌아간들 달라질 것은 아무것도 없다. 그 자리에서 다른 선택을 한다 해도 돌고 돌아서 다시 운명의 수레바퀴 안으로 들어갈 수밖에 없는 건 그게 바로 나이기 때문이지 싶다.

(2013.10)

네 선물이 내 선물

올 초 친구에게서 융숭한 생일 대접을 받았다. 내 생일은 12월이지만 어찌어찌하다 보니 해가 바뀐 4월이 되서야 늦은 선물을 받게 된 것이다. 대신 1박 2일 동안의 식사와 숙소, 볼거리와 여유로움까지 한방에 받았다. 선물은 내가 받았지만 친구와 나, 둘 다 오랜만에 편안하고 행복한 시간을 가졌다. 그 시간이 얼마나 좋았는지 앞으로 우리 생일에는 집을 나와 최소 1박 2일은 지내자는 약속을 하기에까지 이르렀다.

드디어 친구의 생일, 여행을 계획했지만, 친구가 이사와 집수리 등으로 바빠서 무산되었다. 그 사이 친구 생일인 가을이 훌쩍 지나가 버린다. 눈 수술 후 운전을 자제하는 중이라 서울 시내에서의 외박을 계획했다.

코로나 발생 이전엔 친구와 두어 달에 한 번쯤 연극이

나 뮤지컬, 콘서트 등의 공연 관람을 했다. 공연은 보통 밤 10시가 넘어서야 끝난다. 늦은 밤엔 운전하는 것도 싫지만, 집에 도착해서 주차 공간을 찾는 것 또한 보통 어려운 일이 아니다. 밤늦게는 대중교통을 이용하는 것도 피곤하다. 특히 추운 겨울엔 집에 돌아가는 길이 공연에서 받은 감동 이상으로 힘들 때도 있다. 헤어질 때는 늘 집이 가까웠으면 좋겠다는 이야기를 나누곤 했다.

이번 생일 선물의 콘셉트는 '공연 관람 후 최대한 짧은 시간 안에 숙소에 들어가기'로 잡았다. 대학로 공연을 뒤지다가 우연히 정동극장에서 하는 연극 「더 드레서」를 발견했다. 시력이 나빠져서 눈앞 3cm 정도의 것만 볼 수 있다는 송승환 배우가 오랜만에 연극 공연을 한다는 소리에 바로 예매해 버린다. 남대문시장 구경도 하고, 덕수궁 국립미술관도 돌아보면 좋을 듯해서 시청역 근처의 호텔을 예약했다. 이제 준비는 끝났다.

그런데 친구의 생일 선물을 하필이면 내 생일 근처에서 하게 됐다. 그러다 보니 예약한 건 어쩔 수 없다 해도 현장에서의 지불은 자꾸만 친구가 지갑을 열려고 한다. 지난번에 "친구야, 네 생일은 나에게 맡겨."라고 큰소리를 빵빵 쳤는데 이런 식은 곤란하다. 내 선물에 숟가락 얹는 건 허용할 수 없노라 했지만 이미 네 선물, 내 선물의 경계는 없어지고 말았다. 우린 그냥 주어진 시간을 즐기기만 하면 된다.

정동극장 가는 길엔 낭만이 있다. 덕수궁 돌담길을 끼고 걷는 그 길엔 젊은 시절의 추억이 있다. 미술관이 들어서고 주변에 높은 건물이 빼곡히 들어섰어도 오랜 세월 그 자리를 지키고 있는 정동 교회와 작은 가게들이 늘어서 있는 그 길은 예전과 똑같은 느낌을 준다.

얼마나 오랜만에 관람하는 연극인가. 방역 지침으로 옆자리를 한 칸씩 띄우고 앉아서 본다는 현실이 희극이라는 느낌은 들지만 이렇게라도 볼 수 있다는 게 좋다. 관객이 있는 공연을 할 수 없던 시기도 있었으니 말이다.

호텔로 가는 길에 편의점에 들러 맥주와 안주를 구입했다. 맥주 두 캔에 안주 한 보따리, 숙취 해소 음료까지 사 들고 신나서 들어왔다. 친구와는 여고시절 만나 40여 년 넘게 함께 했지만, 놀랍게도 우리는 같이 알코올을 섭취한 적이 없다. 해외여행은 물론 국내여행을 가서도 늘 잠자리에 들고 나서야 “아차! 맥주” 하고는 했다. 여행지에서 맥주 캔을 짠하고 부딪치는 건 어느새 우리에게 로망이 되었다.

늦은 밤, 연극을 관람하고 걸어서 10분도 안 되어 숙소에 도착했다. 겨울밤답지 않게 날은 그리 차지 않고, 둘이 함께 걸으니 오히려 거리가 너무 짧은 듯 느껴진다. 씻고 각자 침대에 걸터앉아 드디어 몇십 년을 벼르던 맥주 캔 부딪치기를 한다. 이게 뭐라고 그동안 이걸 못했냐며 마주보고 웃었다.

사실 오전에 백화점에서 만나 점심식사를 한 후, 호텔에 체크인하고 그대로 침대에 누워 수다를 떨었다. 미술관이며 시장 구경도 좋지만 오랜만에 만난 우리에게 필요한 건 편안히 이야기를 나눌 공간인 것 같다. 한번 누우니 나가기 싫어서 창밖의 남산이며 남대문, 남대문 시장을 눈으로 훑는다. 걸어서 돌아다니며 보나, 눈으로 서서 보나 어차피 본 건 매한가지라는 그럴듯한 핑계를 대면서…. 계획대로 하지 못했다 해서 아쉬울 것도 없다. 오히려 침대에 누워 뒹구는 그 시간이 더 좋았다.

아침에 일어나서 조식을 먹은 후에도 나가지 않고 체크아웃 시간까지 방 안에서 버텼다. 이 방의 좋은 점은 더블 침대가 두 개라는 것이다. 널찍하게 각자 침대 헤드에 등을 기대고 앉아 커피를 마시고, 핸드폰도 뒤적거린다. 편안하다. 굳이 나가서 쇼핑을 하거나 구경하러 돌아다니지 않아도 ‘함께’라는 것만으로 만족스럽다.

호텔에서 나와서는 백화점에 갔다. 서울 시내 한복판에서 잠을 잤는데, 아이쇼핑이라도 하는 게 명동에 대한 예의가 아니겠는가. 거기다 생일 선물은 역시 물건으로 받아야 제맛이다. 서로 선물도 하고 각자 자신에게 주는 선물도 장만한다.

선물은 주는 사람도 행복하고 받는 사람도 행복하다. 받는 친구도 행복해했고, 주는 나는 더 행복한 시간을 가졌다. 함께 하는 시간이 행복하니 친구에게 주는 선물이 결국 내가 받은 선물이 된다. 더군다나 내 생일은 지난주였으니 말이다.

(2021. 12.)

폭염이거나 폭우거나

평소 연락을 하지 않는 선배에게서 기프티콘이 왔다. 장모님 상에 조의와 위로를 보내주어 감사하다는 메시지와 함께 커피와 조각케이크 쿠폰을 보내줬다. 기본적인 인사만 했는데 선물을 받으니 당황스럽고 미안한 마음이 든다. 더위에 큰일 치르느라 고생했다, 감사히 잘 먹겠다는 내용의 답장을 보냈다. 이럴 줄 알았으면 조금 더 부조를 보낼 걸 하는 생각을 하다가 아차 싶었다.

선배가 상을 치를 당시에는 폭염이 아니라 폭우로 엄청난 피해가 발생한 시기였을지도 모른다. 폭우로 고생하셨다는 인사를 해야 했는데 실수를 한 것 같다. 그렇다고 다시 보내기도 그렇고, 그때는 비가 그치고 햇볕이 뜨거웠을 수도 있다고 생각하며 그냥 폰을 덮었다.

그때 나는 파리에 있었다. 6월 하순부터 한 달간 프랑스로 여행을 갔다. 다시는 7월엔 유럽에 오지 않겠다고 결심할 만큼 7월의 유럽은 너무나 뜨거웠다. 한 달 동안 머물면서 단 한 번도 우산을 꺼내 든 적이 없다. 처음 일주일은 파리에 머물고, 이주 차에는 노르망디 지역과 벨기에, 네덜란드를 돌았다. 셋째 주에는 8박 9일 일정으로 남프랑스 여행을 한 후 나머지 기간은 파리에 머물렀다. 여행 중 암스테르담에서만 카디건을 사 입을 정도로 하루 추웠던 걸 빼고는 정말 더웠다. 여기저기 지역을 옮겨 다니느라 비 구경을 못했는지는 모르겠지만, 브뤼셀에서 잠시 이슬비를 맞은 거 외엔 비를 만난 적이 없다.

유럽은 온도가 높아도 습도가 없어서 끈적임은 덜하지만, 태양은 더 뜨거운 거 같다. 선글라스를 쓰지 않으면 눈을 뜰 수 없을 정도다. 직사광선을 쬐는 머리와 팔이 너무 뜨겁다. 서울로 돌아와서 본 내 팔은 유럽 여행이 아니라 어디 시골에서 농사짓다 온 사람의 팔처럼 새까맣다.

여행지에선 한국을 잊고 있었다. 한 달 동안 TV도 보지 않았다. 파리에서 한국인 여행객이 강도를 당했고, 시위와 폭동이 잇따라 위험하다는 소식도 한국에 있는 아들들이 전해줘서 알았다. 폭우로 산사태가 일어나고 지하차도가 침수되어 사람들이 희생되었다는 인터넷 뉴스를 뒤늦게 보고서야 한국에 비가 많이 왔다는 사실을 알았다.

연이은 파리 시위와 폭동 보도에 가족들은 걱정하는 메시지를 보내고, 친구 아들은 그냥 돌아오라고 하기까지 했다. 그러나 정작 파리 안에서의 우리는 전혀 불안하거나 위험하다는 생각을 한 적이 없다. 오히려 평온한 파리지앵의 하루하루를 보냈다.

아침엔 카페에 가서 갓 내린 커피와 착즙 주스, 크루아상 세트를 먹었다. 때론 숙소에서 조금 떨어진 유명한 빵집을 찾아 커피와 빵을 먹기도 했다. 그리고는 동네 백화점에도 가고 마트도 갔다. 센강을 따라 걸어서 오르세 미술관도 가고 루브르를 가기도 했다. 친구 딸내미가 구글에서 찾아준 평점 높은 맛집에서 식사를 한 후 뤽상부르 공원에서 산책도 했다. 때론 장을 봐와서 숙소에서 고기도 구워 먹고, 김치볶음밥도 해 먹었다. 지하철을 타고 시외에 있는 명품 아웃렛도 가고 시내의 백화점과 에펠탑도 갔다. 저녁 식사 후엔 센강 강가의 비치 의자에 누워 잠시 눈을 붙이기도 하고, 지나가는 배에 손을 흔들기도 했다. 아무런 생각도 걱정도 없는 편안한 시간이었다.

밖에서 보는 건 작은 일부일 뿐인데 뉴스는 그것만 보도해서 과해진 경향이 있으니 안심하라고 아들에게 전화를 했다. 사람들은 자기가 본 것만 진실이라 생각하고 그것만이 전부인 줄 안다. 한국에 아무리 폭우가 내렸어도 내가 있는 곳에 햇볕이 내리쬐었으면 폭염이 계속된 걸로 여겨진다. 파리에 있는 내가 아무리 안전하다고 해도 폭동 뉴스를 접한 가족들은 걱정하며 전전긍긍해 한다.

어차피 인사로 한 말인데 폭염이든 폭우든 뭐가 중요한가. 고생했다는 인사와 감사의 마음을 전했으면 됐다. 폭동이 일어났다고 걱정하면서 아무렇지도 않은데 돌아오라는 간섭은 너무 과한 거 아니냐고 짜증 낼 필요도 없다. 중요한 건 가족을 걱정하는 마음이다. 프랑스에서 여기저기 시위가 일어나는데도 아들들이 아무 관심이 없다면 그게 더 서운할 일이지 않겠는가.

선배의 기프티콘은 부모님과 시아버님의 장례와 아들의 결혼식을 치른 나를 돌아보게 한다. 타인의 작은 성의에도 감사의 마음을 전하는 걸 보며 혹여 인사를 제대로 안 해 나에게 서운한 마음을 가진 사람은 없었을까 돌이켜본다. 아버님 장례식 후, 아들이 나에게 감사 인사 메시지를 개인적으로 일일이 보내지 않고 단톡방에 올린 건 엄마가 실수한 거라고 말한 게 떠오른다. 다른 사람도 다 그렇게 한다고는 했지만 내내 마음에 걸렸다. 그때도 젊은 애가 나이 든 나보다 낫다는 생각을 했다. 중요한 건 감사하는 마음이긴 하지만 그 마음을 표현하는 것도 필요하다. 선배의 기프티콘은 오래도록 여운이 남을 것 같다.

(2023. 8.)

잃어가는 것

TV 프로그램에서 블랙박스 영상을 본다. 터널에서 앞차가 휘청거리며 양쪽 벽을 연달아 들이받는 사고가 나자 뒤차가 재빨리 119에 신고하는 내용이다. 사고 차량의 바퀴가 튀어 나가는 장면이 눈에 꽂힌다. 불과 일주일 전에 저 위험한 상황을 경험할 뻔했는데 까맣게 잊고 있었다.

터널을 지나는데 쿵쿵거리는 소리가 들린다. 창문을 내려봐도 안인지 밖인지 소리의 출처를 잘 모르겠다. 차가 밀리기에 브레이크를 살짝 밟았다. 소리가 나지 않는다. 브레이크에서 발을 떼면 또 소리가 난다. 내 차에서 나는 소리가 분명하다. 갓길도 없고 어디 차를 세울 만한 데도 없다. 갑자기 도로는 정체가 풀려서 속도를 올리고 있는데 옆 차가 빵빵거리며 경적을 울린다. 운전자가 창문을 내리고 손가락으로 내 차의 바퀴를 가리키며 "터졌어요,

터졌어."라고 소리를 지르며 지나간다.

아…, 바퀴가 펑크 나서 소리가 났구나. 조심조심 차선을 옮겨 벽 쪽에 바짝 붙였다. 비상등을 켠 후, 보험 회사에 사고 접수를 했다. 자동차 전용도로는 펑크가 나도 그 자리에서 때우기 힘들므로 견인차를 보내준단다. 일반도로로 차를 빼는 게 낫겠냐고 물으니 일단 소리가 나면 절대로 달려서는 안 된다고 한다.

백미러로 보니 차들이 무지막지하게 달려온다. 끝 차선이라 그런지 커다란 화물차들이 전조등을 번쩍이며 경적까지 울려댄다. 겁이 난다. 트렁크에 고장 안내판이 있는 것도 아니고 저 차들이 전방주시를 제대로 하지 않고 오다가 뒤에서 내 차를 밀어버리면 어떡하나, 급히 옆으로 피하다가 내 차에 부딪히면 어쩌나 걱정이 태산이다.

핸드폰이라도 보고 있으면 시간이 금방 갈 것 같은데 상황이 상황인지라 눈에 들어오지도 않는다. 열심히 뒤에 오는 차량을 살핀다. 무서워서 심장만 두근거릴 뿐 할 수 있는 일은 아무것도 생각나지 않는다. 자동차 전용 도로로 진입하기 위해서 돌아왔다며 50여 분 만에야 견인차 기사가 도착했다. 이렇게 터지기도 힘들다며 견인하려면 뒷바퀴가 살아 있어야 하기에 스페어타이어로 교환해야 한단다. 원래는 금지된 자동차 전용 도로에서 바퀴 교환을 했다. 비상 상황이라 어쩔 수 없단다. 교환을 했어도 스페어타이어는 10년이나 된 거라 가는 도중에 혹 무슨 일이라도 날까 싶어 동네 서비스센터까지 견인해서 가기로 했다.

터진 타이어에는 커다란 대못이 박혀 있다. 이 정도로 바깥쪽에서 타이어가 뜯어질 정도면 이미 며칠 전부터 서서히 바람이 빠졌을 거란다. 출발하기 전에 항상 바퀴 네 개를 확인해야 한다는 것을 알면서도 실행에 옮기는 건 정말 어렵다.

이십오륙 년 전쯤에도 고속도로에서 바퀴가 터진 적이 있다. 고속도로에 진입하자마자 '퍽' 하는 소리와 함께 차가 옆으로 돌았다. 바닥에 떨어져 있던 날카로운 쇳조각 같은 것에 아예 바퀴가 찢어졌다. 그때 기적처럼 어떤 차가 갓길에 서더니 운전자가 내렸다. 옆으로 차를 뺄 수 있게 도와준 그는 자기 차에서 공구박스를 들고 와 바퀴를 교환해 주었다. 난 초보인지라 스페어타이어가 있는지도 몰랐다. 지금처럼 핸드폰이 있는 시절도 아니었다. 그가 아니었다면 차 밖에 나와 서서 지나가는 차에게 손을 흔들어 도움을 구해야 했을 것이다. 많은 날이 지났지만 종종 그때 일이 생각난다. 운이 정말 좋았다.

요즘은 사고가 나면 어디에서든 바로 핸드폰으로 연락을 하고, 보험 회사에서 알아서 다 해결해 준다. 참 좋은 세상이다. 어쩌면 완벽한 서비스가 존재하는 편한 세상은 타인에 대한 관심과 배려를 잃어가게 하는지도 모른다. 동부간선도로에서 비상등을 켜고 서 있던 그 50여 분 동안 지나가는 차량이 나한테 보인 관심은 '빵, 빵' 하는 경적을 울리면서 옆으로 비켜 가는 정도였다. 트렁크를 열어 올려서 고장 난 표시를 하라거나 나와서 서 있으라고 말해 주는 사람은 아무도 없었다.

나 역시 그런 경우를 본다면 참견하지 않고 그냥 지나칠 것이다. 그 자리에서 예전의 그분이 생각났다. 요즘같이 핸드폰만 있으면 다 해결되는 세상에서 그런 의인은 이제 있을 수 없다. 당시에 그분에게 할 수 있는 내 감사의 표시는 지갑을 여는 것밖에 없었지만 그는 아무런 대가도 받지 않은 채 조심히 가라는 말만 남기고 떠났다. 어쩌면 그때 돈을 받았다면 지금쯤은 그 고마움을 잊었을지도 모르겠다.

TV의 블랙박스 영상을 보다 보니, 나에게 펑크 난 것을 알려 준 운전자가 생각난다. 급박히 소리치는 그가 아니었다면 나는 미심쩍어하면서도 가까운 카센터를 찾아 계속 운전했을 것 같다. 그러다 화면의 사고처럼 바퀴가 튀어 나가 이리저리 휘청대다 벽에 부딪히지 않았을까. 상상만 해도 끔찍하다. 큰 사고를 막아 준 은혜를 입었으면서도 사고가 나지 않았기에 그 상황을 금세 잊어버렸다. 어쩌면 편한 세상이 타인에 대한 배려와 관심을 잃게 하는 게 아니라, 편한 세상에서 더 많은 혜택과 편리함을 요구하는 이기적인 마음이 남에게서 받은 고마움을 잊게 하는 것인지도 모르겠다. 내가 감사해야 할 것은 견인차를 보내준 보험사에 앞서 더 큰 사고를 막아 준 모르는 사람의 알림이었다.

(2021. 5.)

3

무(無)를 즐기다

무(無)를 즐기다

분리수거를 다녀온 아들이 엄마 때문에 창피했다고 한다. 맥주 캔이 얼마나 많은지 주변 사람들이 저 집 아줌마는 왜 저렇게 매일 술을 마시나 하고 흉보는 눈치였단다. 무알코올이 무슨 술이냐고 콧방귀를 뀌니 남들이 보기엔 다 똑같은 맥주 캔일 뿐이라고 한다.

"사람들은 그 맥주를 내가 마셨다기 보다는 젊은 네가 마셨다고 생각하지 않을까?"

엄마를 놀리려던 아들은 본전도 못 찾고 한 방 맞았다는 표정을 짓는다.

올봄 '황반원공' 수술로 한 달 넘게 엎드려 있느라 집 밖에 나가지 못했다. 2주쯤 산책 정도만 하다가 드디어 봉화산에 올랐다. 그사이 계절은 바뀌어 여름이 되었다. 오랜만에 산행을 하니 힘들다. 땀도 나고 목도 마르다.

시원한 맥주 한 잔 들이켜고 싶은 생각이 굴뚝같다. 수술 후 두 달이 넘었으니 맥주 정도는 마셔도 상관없다. 그러나 눈은 아직도 충혈되어 있고, 후유증으로 생긴 백내장 수술이 코앞에 놓여 있다. 어쩌다 한 번이면 모를까, 마음 놓고 마시기는 부담스럽다. 그때 발견한 게 'Non alcohol' 맥주다.

술에서 가장 중요한 알코올을 뺐는데, 그걸 무슨 맛으로 마시나 싶다. 그래도 기분은 낼 수 있을 거 같아서 알코올 없는 맥주를 주문해 보기로 한다. 맛을 모르니 우선 종류별로 한 캔씩 6개 묶음을 주문했다. 무알코올이라 해서 다 같은 맛은 아니었다. 나름 미각과 시각을 총동원해서 맥주와 가장 가까운 맛과 거품을 지닌, 내 입맛에 맞는 제품을 찾아냈다. 매일 운동하고 와서 한 캔은 기본이고 하나 더 마실 때도 잦았다. 더군다나 나만 마시는 게 아니라 가끔은 아들도 마시고, 아들 친구가 놀러 오면 음료수 대신 마시기도 하니 맥주 캔은 분리수거함에 매주 가득 찬다.

평소 술을 좋아하진 않지만, 세상의 술은 '맥주와 맥주가 아닌 것'으로 분류할 만큼 맥주를 선호한다. 그러나 좋아한다고 자주 마실 수는 없다. 맥주 한 잔만 마셔도 주변의 술을 내가 다 먹었다고 오해 받을 만큼 얼굴이 벌게진다. 그 이상 마시기라도 하면 온몸이 빨개지니 낮술은 입에도 댈 수 없고, 저녁에도 웬만큼

편한 자리가 아니면 술을 마시지 않는다. 그런데 알코올이 빠진 술이라니…. 새로운 세계다.

운동 후 씻고 들이켜는 무알코올 맥주는 그 목 넘김 소리뿐 아니라 입술에 묻어나는 거품까지도 행복이다. 그렇게 올여름은 무알코올에 빠졌다.

아침에 일어나서 가장 먼저 하는 것은 커피를 내리는 일이다. 드르르륵 갈리는 커피 소리는 시끄럽긴 하지만 은은한 커피 향과 함께 아침의 선잠을 깨운다. 나이드니 밤에 잠을 자는 것도 일이다. 밤이 깊을수록 정신은 말똥해지니 말이다. 몇 년 전부터 숙면을 취하기 위한 한 방편으로 카페인을 줄였다. 커피를 진하게 마시는 습성 때문에 하루에 한 잔만 마시기로 했다. 아침 커피는 끊을 수 없지만 오후만이라도 마시지 않기로 결심했다. 모임이 있는 날은 식사 후 커피를 마셔야 하니 아침에 커피를 마시지 않고 나가게 돼 늘 아쉬웠다.

그러다가 '디카페인 커피(Decaffeine coffee)'를 발견했다. 카페인 없는 커피라니 마치 앙꼬 없는 찐빵 같다. 그러나 커피 역시 영양과는 상관없는 기호 식품이다. 어차피 기분이고 분위기를 즐길 뿐이다. 비록 카페인이 들어있지 않아도 마음대로 커피를 마실 수 있다는 사실이 중요하다.

인간은 살면서 많은 결핍을 느낀다. 나에게 없는 것, 나에게 부족한 건 채워지지 않는 갈증으로 남는다. 그 갈증은 때론 억울한 생각마저 가져온다. 그게 돈이든, 지위든, 건강이든 남에게는 있는데 나에게만 없다는 건 불공평하게 여겨지기 때문이다. 그런데 겨우 맥주나 커피조차도 마음대로 먹을 수 없다는 건 더 억울하게 느껴진다.

이 없으면 잇몸으로 산다고 알코올이 없는 맥주나 카페인이 없는 커피라도 즐길 수 있으니 다행이다. 돈도 권력도 명예도 없는데 기호 식품마저 즐길 수 없다면 사는 게 재미없을 것 같다. 그러고 보면 'Non', 혹은 'De'로 불리는 무(無)가, 그 부족함이 꼭 나쁜 것만은 아니다. 꿩 대신 닭이라는 말도 있잖은가. 나에게 맞는 것을 찾으면 된다.

많이 가지면 잃을까 두렵고, 그에 대한 무게감에 짓눌리기도 한다. 없으면 없는 대로 그에 맞게 사는 것도 괜찮은 듯싶다. 알코올 없는 맥주나 카페인 없는 커피처럼 가장 핵심적인 게 빠져도, 앙꼬 없는 찐빵이나마 먹을 수 있음에 감사한다. 다 채워야 행복할 거 같지만 꽉 차면 오히려 터질 수 있다. 알맹이가 더러 빠져도 빈자리가 주는 여유로움을 즐길 수 있다. 없는 걸 갖고자 하면 행복해지지 않지만 없음을 받아들이면 행복해질 수 있다. 논알코올, 디카페인에 빠지듯 인생에서 무(無)를 받아들이고 무(無)를 즐기고 싶다. 있으나 없으나 한 번뿐인 인생이다.

(2021. 11.)

옆자리

아들의 옆자리에 앉는다. 삼 년만이다. 원래 아들 옆자리의 주인은 며느리다. 오늘은 며느리가 출근을 해서 내 차지가 되었다. 뒷자리엔 작은아들이 앉아 있고, 옆에는 큰아들이 운전을 한다. 이른 아침에 출발하느라 제대로 잠을 못 잤지만 피곤함이 느껴지지 않는다. 아들들은 새벽에 일어난 탓에 출발도 하기 전에 지쳐있는데 나만 기운이 넘친다.

애들은 쉬는 날 부여까지 다녀오는 게 내키지 않겠지만, 나는 엊저녁부터 나들이 준비에 들떴다. 혹시 차가 밀려서 휴게소에 들릴 시간이 없을까 싶어 빵을 한보따리 사고, 우유와 커피, 탄산수, 아들들이 어렸을 때부터 좋아하던 감자칩까지 준비했다.

큰아들이 결혼한 후부터는 며느리까지 항상 넷이서 움직였다. 며늘아기까지 함께 하는 가족 모임이나 여행은 늘 뿌듯함과 행복감을 안겨주었다. 함께 가지 못해서 아쉽기는 하지만 아들들하고만 오랜만에 여행하는 기분이라 즐거운 마음도 든다.

큰아들이 아침 6시 30분에 데리러 오기로 했다. 차에 오르자 두 시간이면 목적지에 갈 것 같단다. 시제는 11시에 지내는데 9시 전에 도착할 것 같다며 한 시간 더 자고 나올 걸 그랬다고 억울해한다. 늦는 게 문제지 일찍 가는 건 아무 문제없다. 휴게소에서 간식을 먹거나, 그래도 시간이 남으면 카페에 가서 커피를 마시면 된다.

연휴 끝 날이라 그런지 내려가는 차가 거의 없다. 시원하게 뻥 뚫린 도로를 달린다. 고속도로에 들어서자마자 준비해 온 보따리를 풀었다. 큰애는 내가 늘어놓는 빵들을 보더니 크림빵 같은 걸 사야지 빵에 뭐가 잔뜩 붙어서 차에 흘릴 것 같은 것만 샀느냐고 한다. 운전하면서 먹으면 흘린다고 먹지 않겠단다. 그리고는 차에 흘리지 않게 조심해서 먹으란다. 작은애는 한 조각 먹더니 그만 먹는다 하고, 나 혼자서 이 빵 저 빵 한 조각씩 몇 개나 먹어치웠다. 집에서 미리 세 조각씩 잘라 와서 다행이지, 하마터면 자르다 흘릴까 봐 먹지도 못할 뻔했다.

너무 일찍 도착할 것 같아 휴게소에 들어갔다. 내가 준비해 간 건 먹지도 않더니 커피랑 치즈 소시지를 사 먹는다. 차 안에 빵은 가득하건만 엄마가 좋아한다고 호두과자까지 사들고 왔다. 아들들과 행복한 하루를 보내려면 아무 말 말고 맛있게 먹어야 한다.

느긋하게 갔어도 9시 전에 도착했다. 가는 길에 현수막을 보고 '백제 문화제' 기간인 걸 알았다. 아침부터 갈만한 곳도 없어서 백제문화단지로 갔다. 주차장에서 한숨 자거나 빵이라도 먹일 생각이었다. 큰애가 여기까지 왔는데 한 바퀴 돌고 오자고 한다. 작은애는 차에 있겠다고 해서 둘이 구경을 갔다. 사비궁 입장이 9시부터인데 입구에 도착하니 정각 9시다. 게다가 문화제 기간이라 무료입장이란다. 오늘이 마지막 날이라니 뭔가 운이 좋은 느낌이다. 궁 안에는 체험장도 마련되어 있고, 음식이나 기념품 파는 곳도 많은데 너무 이른 시간이라 문을 열지 않았다. 우리 앞에 걸어가는 가족 외에 다른 관광객은 보이지 않는다. 조용하고 여유 있게 관람한다.

능사는 백제 26대 왕인 성왕의 명복을 빌기 위해 아들인 위덕왕이 지은 백제 왕실의 사찰이다. 소원지를 소원함에 넣고 사찰 주위를 세 바퀴 돌면 소원이 이루어진다고 안내되어 있다. 모르는 누군가가 내 소원을 보는 게 싫어서 그냥 마음속으로 빌면서 사찰 주위를 돌았다. 큰아이의 사업이 잘 되기를 빌며 세 바퀴, 작은애가 주인공은 아니더라도 끊임없이 좋아하는 연기를 할 수 있기를 바라며 세 바퀴, 도합 여섯 바퀴를 돌았다. 옆에 떨어져서 여섯 바퀴 돌기를 기다린 아들이 진짜 능사도 아니고 원래 위치에서 10여 킬로미터나 떨어진 곳에 있는 가짜에서 뭘 그렇게 열심히 도냐고 웃는다. 꼭 이루어진다고 믿어서가 아니라 그렇게라도 하고 싶은 게 어미 마음이다

위례성을 재현한 곳까지 걸어갔다. 사비궁은 익숙한 모습인데

비해 위례성은 왕궁이 초가로 되어 있어 어색하다. TV에서 경복궁처럼 생긴 궁궐만 봐서인지 '에게~!'하는 느낌이었지만 생각해 보니 그게 맞는 거 같다. 온조가 위례성에 내려온 게 기원전 18년인데 기와지붕에 붉은 색 들어간 화려한 궁궐은 가당치도 않다.

전망대인 제향루에도 올라가고 고분 공원, 생활 마을 등을 다 돌아보려면 시간이 더 필요하다. 그래도 1시간 정도 돌아보니 만족할 만큼은 봤다. 생각지도 않고, 기대하지도 않고 왔는데 뜻밖에 행운을 잡았다. 작은애를 끌고 오지 않은 게 못내 아쉽다. 아들들과 여행 온 기분만 든 게 아니라 진짜로 여행 온 게 돼버렸다.

시제가 열리는 영락전 앞 정자로 갔다. 우리는 큰아들이 종손이라 참석했지만 젊은 사람들은 오지 않는다. 여자들은 거의 어머님의 사촌 동서들이시라 내가 제일 젊다. 남자들 중에는 우리 애들이 손자 항렬이니 젊다 못해 어린 축에 낀다. 제를 올리는 아들들을 보니 기특하고 든든하다.

연휴 마지막 날이라 올라가는 길은 밀릴 줄 알았는데 하나도 밀리지 않는다. 지난주에 추석 연휴가 엿새나 되어 이번 연휴에는 사람들이 멀리 나가지 않고 집에서 쉬나 보다. 걱정했던 것과는 달리 부여까지 오가는 길이 힘들지 않아서 다행이다. 큰아들은 자기 집에 최대한 빨리 들어가서 쉬고 싶단다. 휴게소 한 번 들르지 않고 바로 왔다. 결혼 전엔 운전을 겁내하더니만 지금은 너무 빨리 달려서 자꾸 잔소리를 하게 된다. 뒷자리에서는 신경 안 쓰고 다녔는데, 옆자리는 이상하게 참견을 하고 싶어진다.

뒷자리의 작은 놈은 어느새 잠이 들었다. 눈을 감고 싶어도 감을 수 없는 옆자리는 불편하다. 옆에서 운전하는데 졸고 있는 듯한 모양새는 옳지 않다. 아들의 옆자리는 원주인에게 돌려주고 나는 뒤에서 편안히 가고 싶다. 결혼한 아들의 옆자리는 어쩌다 하루면 족하다.

(2023. 10)

금손의 탄생

결혼 전에 선물 받은 오래된 명품 가방이 있다. 당시엔 명품의 가치도 몰랐고, 명품이라는 단어조차 알지 못했다. 선물 주시는 분이 마음에 들지 않더라도 구찌니까 그냥 들라고 하시기에 좋은 건가 보다라고만 생각할 정도로 명품에는 관심이 없었다.

그 가방은 얼마쯤 들다 다른 가방들과 마찬가지로 새 가방을 사면서 자연히 잊혔다. 몇 년 전에 집 정리를 하면서 그 가방을 발견했다. 명품이라더니 세월 앞엔 장사가 없다. 안감은 찢어져 너덜거리고 가방끈은 삭아서 부서졌다. 로고가 그려져 있는 캔버스 가죽은 멀쩡하지만 가방을 장식하고 있는 가죽은 다 까졌다. 특히 가방과 끈을 연결하는 부분은 떨어지기 일보직전이다.

명품 가방 수선집에 가져갔다. 수선 비용이 웬만한 가

방 하나 사는 가격이다. 안감과 가방끈은 교체하고 연결 부분을 보강하는 것만 의뢰했다. 신촌까지 들고 갔는데 그냥 오기도 그렇고, 쓰기에는 초라하지만 버리기는 아깝기에 기본만 해놓자 싶었다. 수선이 끝난 가방은 보이지도 않는 안감만 새것이고 나머지는 그대로라 수선한 티도 안 난다. 외출할 때 메기에는 창피해서 여행 갈 때 두어 번 들고 갔다. 의외로 가볍고 안에 많이 들어가서 편했다.

그러고는 붙박이장에 넣어 두고 사용하지 않았다. 이상하게도 이 가방은 가끔 가죽 부분을 교체하거나 작은 가방으로 리폼을 해서라도 다시 사용하고 싶다는 생각이 들었다. 우연히 유튜브에서 가죽 염색약 광고를 봤다. 가방을 염색하는 걸 보니 전체도 아니고 윗부분과 끈 연결부위, 파이핑 부위만이라면 충분히 할 수 있을 것 같다. 나는 비록 똥손이지만 나에겐 미대 출신의 아들이 있잖은가. 붓질만큼은 확실하게 해 줄 것이라는 믿음에 염색약 세트를 주문했다.

기다리던 가방 염색 세트가 왔다. 염색을 해 주겠다던 아들이 하필 오늘 광고 촬영이 있어서 늦게 온다. 염색약을 쳐다보고 있자니 시간이 너무 더디게 간다. 급한 성격 탓도 있지만 결과물이 궁금해서 기다리지 못하고, 연결 부분만 살짝 칠해 봤다. 까진 곳이 표도 안 나게 깨끗하다. 가죽의 넓은 윗면도 할 수 있을 것 같은 자신감이 든다. 표면 세척제로 닦아내고 가죽과 염색약 간의 접착력을 높여 준다는 프라이머를 발라준 후, 스펀지에 염색약을 묻혀 과감하게 쓱쓱 문질렀다. 어차피 쓰지 않는 가방인데 망쳐도 버리면 된다고 생각하니 마음이 편하다. 고르게 잘 펴진 염료로 인해 오래된 가죽의 탁한 남색이 반짝이는 선명한 남색이 되었다. 이제 파이핑 부분만 하면 완성이라는 생각에 미대 출신 아들의 붓질은 잊은 지 오래다. 파이핑 주변에 물감이 번지지 않게 테이프를 덕지덕지 붙이고 얇은 붓으로 둘레를 칠했다. 이왕 하는 거 새로 교체한 가방끈까지 염색했다. 염료가 마른 후에 무광 가죽 코팅제도 발랐다. 이제는 오히려 캔버스 가죽이 낡아 보일 정도로 가죽 부분은 새 가방같이 깨끗하다. 누가 나를 똥손이라 했는가? 이 정도면 완전 금손이다. 자세히 뜯어보면 울퉁불퉁한 곳도 있지만 같은 색깔을 칠했기에 잘 표시 나지 않는다. 당장 들고 나가도 손색이 없어 보인다.

집에 돌아온 아들이 기다리지 않고 왜 엄마 혼자 다 했냐고 하다가 가방을 보고는 깜짝 놀란다. 단지 염색만으로 이렇게 변할 수 있다는 게 신기하단다. 더군다나 평소 자기가 똥손이라 놀리던 엄마가 이렇게 고르게 칠을 했다는 점에서 감탄을 금치 못했다. 그러면서도 가방이 없는 것도 아닌데 굳이 이 가방을 메야 하냐며 광고료가 들어오면 새 명품 백을 사 주겠단다. 어머님께서 굳이 광고 찍는 날 헌 가방을 염색하며 시위(?)하시는 걸 보니 새 가방을 사 드릴 때가 된 것 같단다.

아들 말대로 명품 백이 없는 것도 아니고, 이 가방이 꼭 필요한 것도 아니다. 나의 금손을 자랑하기 위해서라거나 버려질 가방을 복원했다는 만족감으로 몇 번 들기야 하겠지만, 까진 곳이 없다고 해서 유행이 지난 이 가방을 들고 다닐 것 같지도 않다.

나는 왜 이 가방을 버리지 못하고 이리 집착한 것일까. 명품 가방이라면 이거 말고도 들지 않는 가방이 몇 개 더 있다. 그 가방들을 보면서 한 번도 아깝다거나 수선을 해야겠다는 생각을 해 본 적이 없다. 닦아만 줘도 얼마든지 들 수 있는 가방들은 외면하고, 가죽이 다 까진 가방을 염색까지 하며 매달리는 이유는 무엇일까. 다 찢어진 안감을 교체하고 가방끈을 새로 단 것이 아까워서였을까, 아니면 처음으로 갖게 된 명품을 알아보지 못했다는 미안함 때문이었을까.

어쩌면 가방 수선에 집착한 이유는 명품이라서가 아니라 내 청춘의 한 자락을 기억하고 싶어서였는지도 모른다. 그 가방을 메고 만났던 사람들, 당당하게 걷던 시간들, 자신감으로 차 있던 그 시절을 기억하고 싶은 마음이 낡은 가방을 복원하면 생생하게 떠오를 것만 같다.

그 시절로 돌아갈 수는 없지만 가방을 복원하고 나니 자신감이 생긴다. 할 수 있는 게 아무것도 없다고 생각했는데, 새로운 금손의 탄생을 만난 탓이다. 내친김에 신발장을 뒤져 새로운 먹잇감을 발견했다. 아직 밑창도 채 닳지 않았는데 오래돼서 까지고 가죽이 닳은 밤색 구두다. 바로 밤색 염색약을 주문했다. 가방을 복원해냈다는 뿌듯함과 새로운 구두를 만날 수 있다는 기대감에 내일이 기다려진다. (2023. 3.)

매일 새로운 길

황당하게도 또 길을 잃었다. 매일 걷는 길인데도 가끔 길을 잃는다. 핸드폰을 들여다보거나 아무 생각 없이 걷다 보면 어느새 낯선 풍경이 눈에 들어온다. 가끔은 운동 삼아 일부러 더 걷기도 하면서, 의지와 상관없이 들어선 길은 당황스럽기도 하고 짜증이 나기도 한다.

코로나가 확산된 2월 말부터 우리의 일상은 잠시 멈추었다. 나 역시 두 달 가까이 집 밖으로 나가지 못했다. '사회적 거리두기'라는 강제 휴가에 지친 4월의 어느 날, 거실에 비치는 햇살의 화창함에 이끌려 집 앞 봉화산에 올랐다. 봄이 온 줄도 몰랐는데 목련은 이미 지고, 벚꽃 구경도 못했는데 꽃잎은 나뒹굴고 있었다.

그날부터 매일같이 산에 올랐다. 산은 곧바로 올라가면 정상까지 왕복 40분 정도밖에 걸리지 않는다. 그래서 옆으로 돌아 걷기 시작했다. 산은 정말 신기하다. 걷다가 정상 쪽으로 올라가기도 하고, 옆으로 내려갔다 다시 올라오면서 나름 앞으로 걸어간다고 가는 데도 같은 장소를 몇 번이나 지나간다. 뱅뱅 돌기를 서너 번 한 어느 날 둘레길 표식이 눈에 들어왔다.

둘레길의 거리는 4.2Km, 걷는 시간은 기본 80분으로 안내되어 있다. 어느 날은 오른쪽으로 돌고, 어떤 날은 왼쪽으로 거꾸로 걷기도 한다. 같은 길을 걷는 데 75분이 걸리는 날이 있고 100분이 걸리는 날도 있다. 만보기에 8,000보가 찍히는 날이 있는가 하면 10,000보가 넘게 찍히기도 한다. 팔을 흔들며 힘차게 걷는 날과 뒷짐을 지고 느릿느릿 걷는 날의 차이기도 하고, 계단으로 올라갈 때와 옆으로 돌아 걸어 올라갈 때의 차이기도 하다. 어쩌면 나도 모르게 살짝 둘레길을 벗어났다가 다시 돌아왔을 수도 있다.

산은 아침에 갈 때와 햇볕이 쨍쨍 내리쬐는 2시쯤 갈 때, 6시 넘어 올라가 해가 질 때쯤 돌아올 때가 다 다르다. 맑은 날과 흐린 날, 비가 온 다음 날의 길은 나뭇잎 색도 그늘의 색도 흙의 색도 다르다. 매일 걷는 길이건만 늘 새롭다. 때로 지루한 감이 들면 중간에 다른 길로 빠지기도 한다. 중간 중간 나 있는 길은 수십 개가 넘는다. 시간이 되면 둘레길 한 바퀴를 돌고 30분 정도 더 걷는다. 아무도 없는 샛길은 긴장이 되어 나도 모르게 빠르게 걷는다. 그러다가 앞에 사람이 걸어오면 묘하게도 안심이 되는 게 아니라 오히려 겁이 나 더 빠르게 걷게 된다.

둘레길을 걸은 지 3개월이 되었다. 거의 매일 걸었지만 아직도 엉뚱한 곳에 멈춰 서서 당황스러워할 때가 있다. 놀랍게도 길을 잘못 드는 곳은 거의 일정하다. 신내체육관 옆의 평평한 길을 핸드폰을 쳐다보며 걷다 보면 정상으로 가는 계단을 만난다. 그러면 옆길로 샌 걸 깨닫고 뒤로 돌아 내려와 왼쪽으로 다시 꺾어 걷는다. 또 먹골역 방향의 계단을 대여섯 개 내려가다 왼쪽으로 가야 되는데, 생각 없이 끝까지 내려가면 평지를 만나게 된다. 다시 올라와 오른쪽으로 걸으면 익숙한 길이 보인다. 둘레길을 벗어났을 때보다 더 당황스러운 건 낯선 풍경에 잘못 들어선 줄 알고 돌아서서 길을 찾는데 멀쩡하게 둘레길이라는 표식을 볼 때이다. 분명히 처음 가는 느낌인데 어제도 걸은 길이라는 사실은 놀랍기도 하지만 즐겁기도 하다. 그 새로운 맛에 오늘도 등산화를 신는 것일지도 모른다.

이 동네서 30여 년 가까이 살면서도 숲세권을 누릴 생각을 못했다. 건강을 위해 피트니스 클럽에 가서 트레드밀을 걸을 생각은 했어도, 횡단보도 두 개만 건너면 있는 산에 오를 생각은 안 했다. 헬스를 가지 않는 날은 뭔가 죄를 짓는 기분이더니 이제는 아예 가기 싫다. 나무 그늘 사이를 걸으며 맡는 신선한 공기와 초록의 잎을 바라보는 즐거움을 포기하고 싶지 않아서다. 꽉 막힌 실내에서 에어컨을 틀어놓고 마스크를 쓴 채 트레드밀을 걸으면 숨을 못 쉴 거 같이 답답하다. 둘레길 입구에 서면 마스크부터 벗는다. 코로나에 있어서는 확실한 안전지대이다.

하루라도 안 가면 큰일 날 거 같던 헬스장이 언제 그랬나 싶게 마음에서 멀어졌다. 언제부터 산에 갔다고 볼일이 있으면 아침 일찍부터 산에 갔다 오거나, 집에 돌아와 바로 옷을 갈아입고 어두워지기 전에 산에 오른다. 귀에 이어폰을 꽂고 걸으며, 오직 나만의 세계에 있을 수 있는 그 시간이 좋다. 흙 위를 걷는 건 기계 위를 걷는 것과는 비교할 수 없는 매력이 있다. 코로나19로 집에 갇혀 있지 않았다면 산에 갈 생각은 하지 못했을 것이다. 강제 휴가가 새로운 세상을 선물한 셈이다. 다시 일상으로 돌아가면 매일같이 둘레길을 걸을 수는 없겠지만 지금은 산에 오르는 이 시간이 행복하다.

(2020. 7.)

오늘, 성공적

아…, 이런! 분명히 똑같은 모양이라고 생각했는데 테두리가 약간 다르다. 내가 사 온 건 테두리가 얇은데, 옷에 달려 있는 단추는 도톰하게 올라와 있다. 단추의 크기만 걱정했지 모양에 대해선 한 치의 의심도 갖지 않았다. 역시 내 눈썰미는 꽝이다.

평생교육원 수업을 마치고 문우들과 점심식사를 했다. 식사 후에 한 분은 경동 시장에, 또 다른 분은 남대문 시장에 간다고 한다. 그 말을 들으니 나도 시장에 가고 싶다. 살 게 없나 머리를 쥐어짜는데 가방끈이 생각난다.

며칠 전, 잠이 안 와 뒤척거리다가 여행갈 때는 어떤 가방을 들고 가는 게 좋을까 생각했다. 수납장에 놓인 가방을 머릿속에 그려보는데 그동안 못 본 가방들이 생각난다. 나름 비싼 가방이어서 새벽 1시에 벌떡 일어나 붙박

이장을 뒤졌다. 커다란 퀼트 가방 안에 작은 가방 몇 개가 들어 있는 것을 발견했다. 정작 내가 찾던 건 없었지만 필요한 백을 찾았다. 작은 파우치 백인데 그 안에 여권과 지갑, 핸드폰을 넣으면 딱 맞을 것 같다. 주머니 하나 없이 통으로 되어 가벼워서 여행 갈 때 메기에 좋다. 다만 끈이 짧아 어깨에 걸쳐야 한다는 점이 마음에 들지 않는다. 가방에 크로스 끈을 달아 대각선으로 메면 좋을 것 같다. 비록 명품 지갑보다 싸다는 파우치 백이지만 그래도 루이XX인데 사용하는 게 이득이다.

매일 만 보 걷기를 실천하는데 오늘은 걷기 운동을 못할 거 같아서 동묘역에서 내려 동대문종합시장까지 걸어갔다. 날이 흐리다. 전철 탈 때까지만 해도 맑던 하늘이 금세라도 비를 뿌릴 것만 같다. 집에 우산도 많은데 혹시 비가 오면 우산을 사야 하나 고민하며 흥인지문을 지난다.

흥인지문을 지나면 있어야 하는 동대문종합상가가 없다. 그 자리엔 높은 호텔 건물이 들어서 있다. 그동안 숱하게 이곳을 지나면서 호텔이 있는 건 알았는데 그 자리가 시장 상가라는 건 생각해 본 적이 없다. 당황스럽다. 멈춰 서서 인터넷 검색을 한다. 동대문상가는 분명히 그 자리다. 기억을 더듬어 보니 동대문종합상가 앞에는 광장이 있었다. 그곳에 주차를 한 기억도 있다. 아마도 주차장으로 쓰였던 광장 자리에 호텔이 선 것 같다. 호텔 뒤쪽으로 상가가 보인다. 안도의 한숨을 쉰다.

상가로 들어가 안내판을 본다. 부자재 및 액세서리는 5층이다.

5층에서 내리자마자 첫 번째 매장에서 얇은 밤색 끈을 찾는데, 회색과 검정만 있다. 입 뒀다 뭐 하나 싶어 밤색은 없냐고 물었다. 없으면 만들어 준단다. 키에 맞춰 끈의 길이를 120cm로, 장식은 내 요구대로 금색으로 했다. 얼떨결에 가방끈을 맞춤으로 제작한 셈이다.

너무 쉽게 가방끈을 구입했다. 그냥 집에 가기는 아쉽다. 만 원짜리 끈 하나 사려고 여기까지 온 건 낭비다. 그때 바바리의 단추가 생각났다. 오래전에 산 버버리 제품인데 라그랑 소매라 그동안 입지 않았다. 유행이 돌고 돌아서 요즘은 다시 그런 스타일을 입는다. 예전에는 옷이 좀 커서 뚱뚱해 보인다고 생각해 잘 안 입었는데, 지금은 살이 쪄서 잘 맞는다. 작년 가을 오랜만에 꺼내 입으려고 보니 소매 단추가 깨져 있다. 바바리를 뒤져 여분으로 부착된 단추 하나를 찾았는데 앞에 잠그는 용이라 사이즈가 커서 맞질 않았다.

단추 가게는 D동에 있다 해서 찾아갔다. 딱 맞는 단추인 것 같아 만지작거리는데 "낱개는 안 팔아요." 한다. 한눈에 봐도 내가 단추를 100개씩 살 거 같은 사람은 아니었나 보다. 안 팔면 한 개만 주시면 안 되겠냐는 말도 안 되는 소리를 해 본다. 상가를 돌아보면 낱개로 파는 가게도 있을 거라는 말로 거절당했다.

단추 하나 사러 커다란 상가를 돌다가 손님도 없어서 심심해 보이는 사장님께 낱개로 팔 수 있냐고 물었다. 서너 개를 천 원에 가져가란다. 마침 옆에 장식 단추도 있어서 집어 들자, 필요하면 단추 한 개랑 장식 단추 한 개랑 해서 천 원만 내란다.

집에 오자마자 가방에 끈을 달아서 메어 보았다. 안성맞춤이다. 퀼트 가방의 떨어진 장식 대신 장식 단추를 달았다. 잘 어울린다. 마지막으로 단추를 달려는데 아뿔싸 모양이 다르다. 그래도 어쩌겠는가. 사이즈 맞는 것만으로 만족해야지. 단추는 최소 100개 단위로 판다는데…. 누가 그렇게 내 단추를 꼼꼼히 살펴볼 것 같지도 않다.

처음부터 단추를 살 계획으로 시장에 갔다면 깨진 단추를 들고 나가거나 하다못해 사진으로라도 찍어 놨을 텐데, 아니 최소한 자세히 들여다보고라도 나왔을 것이다. 그런 거 치곤 이 정도면 최고다. 만 천 원으로 쓰지도 못하던 명품 가방과 바바리를 건졌다. 거기다 덤으로 퀼트 가방의 장식도 달아서 언제든 들고 나갈 수 있게 되었다. 우산을 살까 말까 고민시키던 날씨조차 흐리기만 할 뿐 비는 오지 않았다. 현관 앞에서 확인한 핸드폰의 걸음 수는 12,398보였다. 계획에 없던 오늘, 이 정도면 성공적이다.

(2023. 3.)

어쩌다 브뤼셀

계단을 올라갈 때부터 어째 불안 불안하다. 무늬가 화려하게 들어간 벽지와 초록색 격자 타일 바닥, 노랑 빨강 원색의 벽, 황금색 천장과 등, 박물관에서나 볼 법한 장신구며 항아리 등 뭐 하나 평범한 게 없다. 나름 이것저것 꾸며 놓았건만 그 지나침에 웃음만 난다. 방문을 열고 들어가자 구김이 많아서 꾸깃꾸깃한 데다 꾀죄죄하기까지 한 빨간색 침대보가 먼저 눈에 들어온다. 수납장을 여는 순간 기겁을 했다. 흰색인지 회색인지 구별이 되지 않는 이불을 개키지도 않고 쑤셔 박아 놓아 쏟아져 나온 것이다. 누런 얼룩이 여기저기 있는 이불은 도저히 덮고 잘 수 없을 정도로 더럽다. 그걸 보는데 온몸이 근질근질하다.

친구들과 프랑스로 한 달간 여행을 갔다. 여행 중에 파리가 시위로 시끄러워서 서울의 가족들이 걱정을 많이 했다. 어차피 주변국을 가보려고 했기에 일단 파리를 떠나기로 했다. 벨기에가 기차로 한 시간 반 정도밖에 걸리지 않아 브뤼셀과 겐트에 가기로 하고, 전날 밤에 호텔을 급히 예약했다. 사진으로 보기엔 원색의 내부가 예쁘고 특이했다. 휴가철인데 가격도 비싸지 않았고, 겐트를 먼저 갔다가 늦게 들어가 잠만 자고 나올 것 같아 별로 따지지 않고 예약한 호텔이다.

침대에 걸터앉지도 못하고 쭈뼛대는 사이, 친구가 도저히 그곳에선 잠을 잘 수 없다며 앞장서서 나간다. 열어보지도 못한 캐리어를 다시 끌고 프런트로 내려갔다. 환불은 당연히 해주지 않을 것 같아 불어를 잘하는 친구의 딸이 협상을 하러 갔다. 저 아주머니들이 더러워서 이곳에선 절대로 못 잔다고 했다니까 호텔에서 가장 좋은 방에 예쁜 이불을 줄 테니 그냥 머물면 안 되겠냐고 하더란다. 더러워서 못 잔다는데 깨끗한 이불이 아닌 예쁜 이불을 주겠다는 말에 믿음이 안 갔다. 숙박비의 반만 돌려 달라고 했더니, 예약 사이트에 더럽다거나 벌레가 있다는 후기를 쓰지 않는다는 조건으로 100유로를 돌려줬단다.

사실 급한 마음에 예약부터 하고 나서 후기를 읽어 봤는데 더럽다, 벌레가 있다는 글이 있었다. 취소를 하고 다시 구하기에는 시간도 없어서 그냥 왔는데, 설마 이불이 더러울 거라고는 상상을 못했다.

빅토르 위고가 '세상에서 가장 아름다운 광장'이라고 극찬했다는 그랑플라스 광장의 카페에 앉아 가장 먼저 한 일은 급히 다른 호텔을 찾는 것이었다. 호텔을 검색하며 아까 그 호텔이 자연스레 화제에 올랐다. 10여 분 만에 60유로를 손해 봤는데도 오히려 20유로를 이익 본 걸로 여겨진다. 너무 기가 막히니까 이상한 계산을 하면서도 웃음이 난다. 어쩌면 그 호텔은 환불을 요구하는 손님들에게 인심 쓰듯 100유로씩만 돌려주고, 나머지 돈으로 호텔을 유지하는 게 아닐까 하는 합리적 의심까지 든다. 손님을 받지 않고도 돈을 벌 수 있으니 그보다 더 편한 돈벌이가 있겠느냐면서 우리끼리 마음대로 단정 지었다. 브뤼셀의 중심인 그랑플라스 광장과 중앙역과도 가까워 호텔의 위치는 정말 좋았다. 침구가 깨끗하기만 해도 그 과한 인테리어마저 특별함으로 기억할 만한 호텔인데 안타까운 생각이 든다.

이전 호텔을 경험해서인지 새로 구한 호텔은 침대 시트가 하얗다는 이유만으로 마음에 들었다. 호텔의 당연한 하얀 침구가 이렇게나 좋아할 일인가 낄낄대면서도, 서비스로 비치된 캡슐 커피마저 가루 커피가 아니라 고급지다며 만족해한다. 근질근질한 호텔에 들르지 않았다면 엑스트라 베드가 너무 꺼졌다고 불평을 했겠지만 조용히 이불 하나를 더 얻어와 매트리스 위에 깔았다.

꼼꼼히 계획을 세우고 가도 여행엔 변수가 많다. 예약한 호텔의 실수로 방이 없을 수도 있고, 근교 행 열차는 좌석이 따로 정해지지 않아 만원 버스처럼 목적지까지 서서 갈 수도 있다. 친구들이랑 떠난 여행에서 다퉈 다시는 안 본다는 사람도 있듯이 같이 간 친구의 몰랐던 모습을 볼 수도 있다. 집 떠나면 고생이라는 말처럼 몸은 피곤하고, 피곤한 만큼 별거 아닌 일에 짜증이 나기도 한다. 그런데 아무 계획 없이 갑자기 떠났으니 난관에 부딪힌 건 당연한 일인지도 모른다.

브뤼셀엔 오줌싸개 동상과 와플, 초콜릿이 유명하다는 정도만 알고 무작정 떠났다. 기껏 왕궁을 찾아가니 보수 공사 중이라 아쉽게도 들어가지 못했다. 왕궁 앞에 초록이 우거진 공원이 있어서 잠시 휴식을 취했다. 공원을 나와 걷는데, 건물에 한글이 보인다. 영어 밑에 한글로 '벨기에 왕립 미술관'이라 쓰여 있다. '한국 문화원'이라고 한글로 쓰인 건물도 있다. 벨기에의 수도 한복판에서 한글을 보니 반갑다. 벨기에가 인종 차별이 심한 곳이라고 들어서 걱정했는데, 한국과 가까운 사이처럼 느껴져 마음이 편안해진다.

갑자기 건너편 도로에 자전거 행렬이 끝없이 이어진다. 우리가 서 있는 쪽으로 중세 옷을 입은 악단이 연주를 하며 걸어오고, 뒤를 이어 중세의 옷을 입은 사람들과 일반 시민인 듯 보이는 각양각색의 사람들까지 대규모 행렬이 이어지고 있다. 왕궁 관람 대신 브뤼셀의 축제를 구경하나 보다. 나중에 찾아보니 매년 7월 초에 열리는 '오메강'이라 불리는 브뤼셀의 오랜 전통 의식인 것 같다. 오메강은 축제 형식의 지역문화유산으로 대규모의 역사적인 행렬이 특징이라고 한다.

계획이 틀어져서 짜증 날 때쯤 기대하지 않은 새로운 것을 만나는 게 여행의 묘미인지도 모른다. 그래서 여행은 신난다. 식겁할 정도로 정신없고 더러운 브뤼셀의 호텔도 웃으며 떠들 정도로 벌써 추억이 되었다. 너무 작아서 '실망스러운 유럽 여행 볼거리 Top 3'에 든다는 오줌싸개 동상마저도 그립다. 브뤼셀에 도착하기 전, 하다못해 기차 안에서라도 랜드마크 정도는 찾아보고 갔어야 했다. 정보가 없어서 도시를 한 눈에 볼 수 있는 전망대며, 오줌싸개 소년 근처에 있다는 오줌싸개 소녀 동상조차 못 보고 온 건 좀 아쉽다. 하지만 하루 종일 걸어 다니며 유럽의 옛 풍경을 담고 있는 도시의 구석구석을 돌아보던 그날은 아직도 가슴속에 남아 순간순간 행복하게 한다.

(2023. 9.)

바다보다 낮은 집

벨기에 브뤼셀 중앙역에서 네덜란드 암스테르담까지는 탈리스 기차로 두 시간 정도밖에 걸리지 않는다. 패키지로 동유럽 6개국 여행을 갔을 때는 관광버스로 하루에 두 나라를 가도 국경을 넘는다는 개념이 없었다. 화폐도 유로를 같이 써서 그냥 유럽에 왔다고만 생각했다. 가이드 없이 프랑스에서 벨기에, 벨기에에서 네덜란드로 이동하다 보니 국경을 넘는데 아무런 제재를 받지 않는다는 게 새삼 놀랍다.

30여 년 전쯤 남프랑스에서 이탈리아의 토리노에 테제베 기차를 타고 갔다. 기차가 국경을 넘을 때 군복인지 경찰복인지를 입은 사람이 올라와 여권 검사를 했다. 아무 잘못을 하지 않았는데도 정복을 입은 사람이 검사를 한다는 이유만으로 겁을 먹었던 기억이 있다.

호텔까지 수상 택시로 가고 싶었지만 그건 욕심이다. 어디서 어떻게 타는지 모르기에 그냥 지하철을 탔다. 지하철역에서 나오자마자 운하를 사이에 두고 양옆으로 펼쳐진 예쁜 집들에 홀딱 빠져버린다. 그림에서나 보던 좁고 긴 직사각형 모양의 노란색, 검은색, 벽돌색 등등의 건물에 삼각형을 얹은 듯 뾰족한 지붕, 하얗고 작은 창문이 가득한 집들이 빼곡히 붙어 있다. 운하 위에는 보트와 관람객을 실은 큰 배가 지나가고, 정박된 선박도 많다. 물과 배와 예쁜 집들을 바라보니 낯선 곳에 온 긴장감이 어느새 사라진다.

도시가 작아서 암스테르담은 도보로 돌아다닐 만하다. 걸어서 국립 미술관을 지나 반 고흐 미술관까지 갔다. 마침 축제인지 주말이라 장이 선건지 모르겠지만, 미술관 근처 잔디밭에 사람들이 어마어마하게 많다. 공연도 하고, 음식과 술, 옷이며 장신구 등도 판다. 사람들이 어찌나 많은지 인파에 떠밀려 가고 싶은 방향으로 걷기조차 힘들다. 그 복잡함과 시끄러움 속에서 묘하게도 자유를 느낀다.

우리가 묵는 호텔 앞에는 '문토렌'이라 불리는 중세시대엔 성탑의 일부였던 시계탑이 있다. '댕 댕' 하고 종도 친다. 호텔에서 왼쪽으로 가서 구경하며 걷다 보면 문토렌과 쌍둥이인 듯한 시계탑이 보이고, 오른쪽으로 가서 사람이 많은 명동거리 같은 곳을 보고 오다 보면 또 똑같이 생긴 시계탑이 있다. 여긴 왜 이렇게 중세의 멋진 시계탑이 많나 하는 순간, 주변 풍경이 눈에 익다. 그냥 문토렌을 중심으로 뱅뱅 돌은 것이다. 나중에 인터넷에서 찾아보니 이 시계탑은 일곱 개의 길이 모이는 곳에 위치하고 있다고 한다.

다음 날은 개장 시간보다 훨씬 전에 반 고흐 미술관에 도착했다. 예약한 사람만으로도 이미 줄은 길다. 혹시나 싶어 일찍 갔지만 역시나 예약하지 않은 우리는 입장할 수 없다. 트램을 타고 '안네 프랑크의 집'으로 발길을 돌린다. 미리 온라인으로 티켓을 구매하지 않은 사람은 들어갈 수 없다고 한다. 매주 화요일부터 6주 후의 티켓을 구매할 수 있는데 금세 마감이 된단다. 그렇게 인기 있는 곳에 예약도 없이 무작정 갔으니 준비가 안 된 주제에 무모하기까지 했다. 그냥 건물과 사람 구경만 하고 다녔다. 다리를 건너 유명 쇼핑 거리인 나인 스트리트로 간다. 걷다 지치면 카페에 가서 커피와 빵을 먹기도 하고, 지나다니는 사람들을 구경하며 맥주와 감자튀김을 먹기도 했다. 야외 카페에 앉아 운하를 바라보는 것만으로도 이국적인 풍취를 느끼기엔 충분하다.

암스테르담은 조금만 걸으면 다리를 건너고, 얼마 안가 또 다리를 건넌다. 운하를 따라 걷다 보면 셀 수도 없이 많은 다리를 지나친다. 그래도 다리를 지날 때마다 매번 멈춰 서서 주변을 돌아보게 된다. 그 풍경은 다 다르고, 예쁘고, 매력적이다.

밤의 암스테르담은 낮과는 또 다르다. 레스토랑이나 카페, 운하 옆 벤치에도 뭔가 퇴폐적이고 흐트러져 보이는 사람들이 앉아 있다. 그곳을 지나노라면 알딸딸한 향이 난다. 대마초 냄새다.

네덜란드는 대마초가 합법이다. 하다못해 기념품 가게에서도 대마초를 판다. 잘못 고르면 대마가 들어있는 초콜릿을 살 수도 있다. 샌들을 신은 맨발이 아파서 나는 회색, 친구는 분홍색 양말을 샀는데 야자 잎처럼 시원해 보이는 그 그림이 대마라고 해서 결국 신지 못한 웃픈 경험도 했다.

셋째 날은 오전에 배를 타고 도시를 돌았다. 한 시간쯤 탔는데 전날 갔던 안네 프랑크의 집이며 처음 세워진 개신교 교회, 국립 미술관 등을 다 지나간다. 불어와 영어로 번갈아하는 설명은 못 알아들은 게 분명한데, 이미 돌아본 곳이 많아서인지 왠지 알아듣는 것처럼 느껴진다. 배 먼저 탔으면 어디가 어딘지 하나도 모를 뻔했다.

암스테르담은 물의 도시다. 어디를 가나 운하가 있다. 어렸을 때 읽은 동화 중에 둑에 구멍이 난 것을 본 소년이 마을이 물에 잠길까 봐 주먹으로 막았는데, 다음 날 아침 싸늘한 주검으로 발견됐다는 이야기가 떠오른다. 그 이야기의 배경이 네덜란드였던 것 같다. 네덜란드 사람들은 어떻게 수면보다 지면이 낮은 땅에 집을 짓고 터전을 잡을 생각을 했을까. 물론 지금에야 첨단 시스템이 수위를 잘 조절하겠지만 운하를 사이에 두고 있는 높은 건물과 지하철이 다니는 모습을 보면 이 땅이 바다보다 낮다는 게 믿기지 않는다.

(2023. 9.)

풍차 마을

네덜란드 하면 떠오르는 건 풍차다. 지금은 풍차가 거의 없어져서 풍차 마을인 잔센스칸스에 가야만 볼 수 있다고 한다. 하기야 바람에 의해 돌아가고 그 힘으로 물을 끌어 다른 곳으로 배출한다든가 방앗간 역할을 하는 옛날의 풍차가 인공 지능까지 나온 현대에 남아 있겠는가.

암스테르담에는 2박 3일 머물기로 했다. 이틀 동안 돌아다닌 데다 사흘째 오전에는 배를 타고 운하를 따라 이미 갔던 곳을 또 봤다. 갔던 곳을 또 보기보다는 풍차를 보러 가고 싶다. 네덜란드까지 와서 풍차를 안 보고 가는 건 여행객의 도리도 아니다. 서너 시간이면 충분히 다녀올 수 있을 것 같다. 일행 중 친구 딸내미는 시내에서 쇼핑도 하고 보고 싶은 것도 있다고 해서 6시쯤 기차역에서 만나기로 하고 지하철역 앞에서 헤어졌다.

잔센스칸스역에 내려 계단을 올라가니 커다란 관광 지도가 있다. 바닥에는 발 모양 그림이 화살표를 대신하여 풍차 마을까지 안내해 준다. 조금 걸어서 강이 보이는 곳에 가자 초록색 풍차가 우리를 맞는다. 저 멀리 선명한 색상의 예쁜 풍차가 여러 개 보인다. 다리를 건너다가 갑작스러운 정지 신호에 모두가 멈춰 섰다. 서서히 다리가 들리고 그 밑으로 커다란 배가 지나간다. 부산에서도 봤는데 네덜란드에서 보니까 더 신기하다. 여행지에서 보는 건 이상하게 다 좋아 보이고 더 멋져 보인다.

마을에 들어서자 목가적이라는 단어가 저절로 떠오른다. 초록초록한 나무에 어울리는 아기자기한 집들과 작은 다리가 평화로워 보인다. 풍차 앞에서 사진을 찍고, 치즈 박물관에도 들어가고, 오래된 가게에서 커피도 마셨다. 나오는 길엔 기념품 가게에 들러 풍차 모양의 종도 샀다. 가게 앞에 놓여 있는 잔센스칸스의 상징이라는 커다란 나막신을 신고 주황색 가발까지 쓰고 사진도 찍었다. 짧은 시간이지만 아주 충실하게 관광객의 역할을 다했다.

친구 딸과 만나는 데는 생각지도 않은 고생을 했다. 기차역이 얼마나 큰지 스타벅스로 오라는데 찾을 수가 없다. 겨우 찾아가니 아이가 안 보인다. 통화를 하면서 서로 눈앞에 보이는 걸 이야기하는데 아무 것도 맞는 게 없다. 스타벅스가 하나만 있는 게 아니었던 거다. 역 안을 올라갔다 내려갔다 왼쪽으로 갔다 오른쪽으로 갔다 헤매고 다녔다. 차라리 젊은 애가 나이 든 우리가 있는 곳으로 오는 게 빠르겠건만 끝내 우리 보고 찾아오란다.

간신히 찾아가 보니 아이는 나올 수 있는 상황이 아니었다. 사람이 너무 많아서 자리도 없는데 혼자서 네 명의 자리를 맡고 엄청 눈치를 봤다고 한다. 거기다가 쇼핑한 봉투들에 캐리어까지 짐도 많았다. 자기 딴에는 엄마랑 아줌마들이 앉아서 시원한 음료라도 마시며 조금 쉬었다가 기차를 타게 하려고 했단다. 잠시 서운했던 감정이 미안함과 고마움으로 바뀐다.

아이 덕분에 티켓 기계에는 손도 안 대고 파리로 돌아갔다. 사실 우리끼리 잔센스칸스로 가는 기차표를 구매할 때 조금 어려움이 있었다. 기계에서 티켓을 구매하는데 신용카드를 넣으니 비밀번호 여섯 자리를 입력하라고 한다. 아니 우리나라 카드는 비밀번호가 네 자리인데 어떻게 여섯 자리를 넣느냐 말이다. 셋이서 머리를 싸매다가 친구가 비밀번호 뒤에 0을 두 번 찍어보라고 한다. 캐나다에서 그렇게 했던 것 같단다.

이번 여행은 파리에 살고 있는 친구의 딸이 안내한다고 해서 아무 계획도 세우지 않았다. 즉흥적으로 가고 싶은 곳을 가는 것도 여행의 즐거움이라 믿었다. 그러나 즉흥적인 여행은 혼자일 때나 가능한 것 같다. 나이도 다르고, 체력도 다른 네 명이 즉흥적으로 여행하는 건 갈 곳을 정하는 것부터 어려운 일이었다. 가고 싶은 곳도 다르고, 보고 싶은 것도, 여행의 스타일도 다 다르기 때문이다. 무계획이니 어딜 가도 예약이란 건 하나도 못했다. 교통편이며 호텔, 미술관, 박물관까지 다 즉흥적이라 교통비는 비쌌고, 유명 관광지에서는 건물 앞에서 인증 사진만 찍을 뿐 내부에는 들어가지도 못했다. 12시간이나 비행기를 타고 유럽까지 가서 내부는 들어가지도 못하는 게 처음엔 허무했지만 곧 이런들 어떠하고 저런들 어떠하리가 되었다. 그림이야 루브르와 오르세 미술관에서도 실컷 봤다. 왕궁 내부도 다 거기서 거길 게다. 내부 관람은 못 했어도 외부를 보고 사진도 찍었으니 그걸로 됐다.

여행이란 게 꼭 예약하고 가서 많은 것을 봐야 하고, 계획적으로 돈을 써야만 하는 건 아니다. 여행에는 익숙한 곳을 떠나 낯선 곳으로 간다는 기대감과 낯선 곳에서 새로운 것을 보는 즐거움이 있다. 박물관이나 미술관에 들어가서 관람하지 않아도 이국적 풍경의 거리를 걷고, 재래시장과 백화점을 구경하고 카페에 앉아 커피를 마시는 것만으로도 일상에서 벗어난 자유로움과 여유를 느낄 수 있다, 언어가 통하지 않는 생경한 곳에서 어려움을 겪고 그것을 극복하면서 얻는 것도 많다. 반복되는 생활에 힘들고 지칠 때 여행의 기억과 추억으로 힘을 얻기도 한다.

풍차 마을은 관광객이 많음에도 고층 건물과 자동차가 없어서 그런지 마을이 조용했다. 우리네 시골에 간 듯 마음이 평온해진다. 평화로움에 심심해질 무렵 다시 기차를 타고 복잡한 도시로 돌아왔다. 역시 조용하고 심심한 시골보다는 바쁘고 복잡한 도시가 나에겐 더 익숙하다.

(2023. 9.)

그렇게 잊히고 말 것을

신기하다. 거실 마루에 긁히고 패인 게 더 이상 보이지 않는다. 그냥 마루일 뿐이다. 안마 의자 밑에 보이는 마루 시트를 잘라 떼어낸다. 까진 채로 두는 편이 표가 덜 나는 것 같아서다. 얼마 전까지만 해도 내 관심은 온통 마루뿐이었다. 흠집 위에 붙이는 커버 시트는 기본이고 크레파스처럼 생긴 우드 픽스, 물감처럼 생긴 마루 메꾸미에 평평하게 밀어주는 헤라와 인두기까지 사들였다. 하루 종일 쭈그리고 앉아 긁힌 곳에 크레파스처럼 생긴 우드 픽스로 색칠하고, 마루 메꿈제로 파인 곳을 채운 후 헤라로 밀었다. 딱딱한 보수제를 인두기로 녹여가며 흠집 난 곳을 메우고 마른 후엔 마루 코팅제까지 발랐다.

큰아들이 결혼을 했다. 새 식구가 들어오니 아무래도 집을 잘 정리해야 한다는 부담감이 생긴다. 아들 부부가 집에 올 때마다 며느리가 필름이 떨어진 싱크대를 볼까 봐 걱정이 됐다. 그렇게 신경 쓰느니 차라리 싱크대를 교체하기로 했다. 사람 마음이란 게 참 이상하다. 그동안은 집이 더럽다거나 낡았다는 생각을 해 본 적이 없다. 사는 데 딱히 불편하지도 않았다. 그런데 주방을 새로 바꾼다고 생각하니까 갑자기 벽지에 들러붙은 먼지와 틈이 벌어진 창호가 눈에 들어온다. 도배와 바닥도 새로 해야 할 것 같다. 거실과 안방은 이미 원목 마루이고 깨끗해 보인다. 마루 교체는 철거를 해야 해서 바닥은 장판이 깔린 방만 새로 하기로 했다. 코로나로 다들 집에 있는데 너무 큰 소음이 나는 건 민폐일 거 같고, 방 안에 있는 가구들을 거실로 내놓아야 바닥을 깔 텐데 거실까지 뜯으면 곤란할 거 같아서다.

철거를 했다. 먼지가 얼마나 많은지 집에 있을 수가 없어서 호텔을 잡았다. 그런데 다음 날 집에 와보니 보양 작업을 전혀 하지 않은 채 인부들이 신발을 신고 돌아다닌다. 거실 마루에는 철거하고 난 판자며 뜯어낸 벽지까지 쓰레기가 흙먼지와 함께 흩어져 있다. 살고 있는 집이고 거실은 공사를 하지 않을 것이니 담요나 박스를 깔아 달라고 요청했다. 자기들은 다 운동화나 고무신을 신어서 흠집이 나지 않는다며 들은 체도 안 한다. 할 수 없이 쌓여 있는 타일 박스를 펴서 거실에 깔았다. 안방은 박스가 모자라서 바닥에 그냥 얇은 이불과 침대 패드를 깔았다. 그마저도 다음 날 와보면 찢어지고 밀쳐져서 싱크대 설치 후에 나온 박스로 다시 깔고 있는데 인테리어 사장이 화를 낸다. 공사 끝나면 그 박스를 다 누가 치우냐고 깔지 말란다. 재활용쓰레기 버리는 날, 내가 치울 테니 걱정 마시라 했다. TV와 침대, 소파는 비닐을 덮어 달라고 부탁했다. 이 당연하고 기본적인 걸 부탁해야 하는 상황이 이해가 가지 않는다,

공사는 끝났건만 거실 마루는 구질구질하다. 소파를 옮길 때 끌어서인지 마루가 다 긁혔다. 긁은 줄이 길게 나 있는데 아마도 리클라이너 소파 밑의 기계가 닿아서 그런 듯하다. 냉장고와 김치 냉장고도 어떻게 옮겼는지 주방 마루에도 신상 흠집이 여러 개 있다. 깔아 놓은 박스들은 이리저리 밟혀서 마루는 그 알몸을 다 내놓고, 공사할 때 떨어진 본드나 풀, 또 그것들을 신발 신은 채 밟고 다녀서 생긴 시커먼 얼룩들이 여기저기 묻어 있다. 욕이 나올 정도로 화가 나고 짜증이 난다.

아이들이 어렸을 때 예전 집도 살면서 수리를 했다. 그때는 낮에 나갔다가 저녁에는 집에서 잠을 잘 정도로 깨끗이 치워 주고 갔다. 그 기억이 없었다면 이렇게 무모하게 인테리어 공사를 시작하지 않았을 것이다. 예전과 달리 싱크대 교체와 방문 교체, 거실 벽에 아트 월 시공, 창호 교체까지 일이 많아서 먼지와 쓰레기가 훨씬 많긴 하다. 그렇다고 해서 거실 마루가 긁히고 파인 게 용서되지는 않는다. 이게 뭐냐고 말하는데 눈물까지 난다. 그럼 짐을 끌지 누가 힘들게 들고 옮기냐며 오히려 큰소리를 친다. 짐을 최대한 줄이기 위해서 2톤 트럭 가득 침대며 장롱, 책상, 식탁 등 가구와 묵은 짐들을 다 버렸다. 이 정도 짐은 인부들이

충분히 옮겨가며 할 수 있다고 한 건 인테리어 사장이다. 이럴 줄 알았다면 짐을 보관하고 공사를 했을 것이다.

그렇게 흠집 난 마루에 신경 쓰다 보니 그동안 보이지 않던 마루의 흠집이 보이기 시작한다. 주방 싱크대 밑은 무언가를 얼마나 떨어뜨렸는지 온통 파여 있다. 거실도 까지고 파이고 긁힌 곳이 셀 수도 없을 정도로 많다. 이십여 년 사용한 마루는 이미 이전에도 흠집이 많았는데 신경 쓰지 않고 살았기 때문에 멀쩡하다고 생각했나 보다. 인테리어 사장님의 뻔뻔한 태도에 마치 그가 우리 마루를 다 망가트려 놓은 것 같아 마루에 연연한 건 아니었나 싶기도 하다. 마루 때문에 속상하니 온통 마루의 흠집만 보이고 온 신경을 마루에만 썼다.

문득 생각해 보니 어느 날부터인가 마루의 흠집 따위는 신경도 쓰지 않고 있다는 걸 깨달았다, 그런 생활 흠집은 원래부터 있던 거 아니겠는가. 예전에 임신했을 때는 온 거리에 임산부만 보이던 게 생각나서 웃고 만다. 하기야 사람이 한 가지만 신경 쓰고 거기에만 빠져서 다른 일을 못한다면 어떻게 살아갈 수 있을까. 그래서 조물주는 다 사람이 살게 만들었다는 말을 하는가 보다. 두 달여 동안의 가슴앓이가 나아진 것도 없이 끝나버리니 뭔가 허전한 마음마저 든다.

(2021. 3.)

거실이 있는 삶

아들이 나갔다. 이제 자유의 시간이다. 거실로 나간다. 안마의자에 앉아 전원을 누르고 눈을 감는다. 오늘로 안방에 갇힌 지 3일째다. 코로나19 확진으로 자가 격리 중이다. 그동안 세 번이나 격리 생활을 해서 숙달된 데다가, 혼자 있을 때는 방 밖을 나올 수 있어서 이번엔 좀 수월하다.

어이없게도 나는 코로나에 걸리지 않았음에도 그간 세 번이나 자가 격리를 했다, 작년 말 마다가스카르에서 근무하고 있는 동생이 3주간 우리집에 왔다. 그때가 아프리카에서 들어온 오미크론이 기승을 떨칠 때라 동생을 화장실이 딸린 안방에 가두고(?) 나는 빈방을 사용했다. 방안에서는 마스크를 벗었지만, 방을 나올 때는 마스크를 쓰고 비닐장갑을 꼈다. 그 상태로 하루 세 끼 밥을 챙겨 안

방과 아들 방에 넣어줬다. 3일 후에 동생이 음성반응이 나와서 방은 바꿨지만, 그래도 혹시 몰라서 일주일까지는 격리 수칙을 지켰다. 동생은 아예 일주일 동안 방 밖에 나오지를 못하게 했다. 격리 기간이 끝나고 거실에서 TV를 보던 동생이 방 안과 밖은 공기가 다르다며 행복해하던 기억이 난다.

두 번째 격리는 올해 4월이었다. 시댁에 다녀온 날, 시부모님이 양성판정을 받으셨다. 전날 아버님, 어머님과 하룻밤을 같이 자고, 밥도 먹고 TV도 보며 이야기도 나눈 터라 안심할 수 있는 입장이 아니다. 내가 걸렸으면 아들이 걸릴 수 있고, 아들이 걸리면 촬영하고 있는 드라마에 영향을 주기에 어쩔 수 없이 자가 격리를 했다. 열흘 동안 매일같이 자가 키트로 검사를 하고 각자 방에서 나오질 않았다. 각자 자기 방에서 밥을 먹고, 아들이 나가면 온 집 안에 소독제를 뿌리고 청소를 한 후 알코올로 식탁이며 냉장고, 싱크대, 변기를 닦았다.

세 번째는 불과 얼마 전이다. 아들이 촬영차 엿새 동안 베트남에 다녀왔다. 반갑게 안으려는 나를 다가오지 못하게 한다. 일행 중 한 명이 코로나 확진으로 베트남에서 출국하지 못했고, 한 명은 오자마자 검사해 보니 양성으로 나왔기 때문에 자신도 걸렸을지 모른단다. 그때부터 우리의 격리생활은 또 시작되었다. 보건소에서 PCR검사를 하고 온 아들은 자기 방에 칩거했고, 나는 나대로 안방에 틀어박혔다. 다음 날 아침에 확진 문자가 왔고, 인터넷에는 그 드라마 촬영지에서 스텝들이 대거 확진되었다는 기사가 떴다.

아들도 세 번째 자가 격리라 힘들었는지 엄마도 어차피 걸릴 거 같은데, 우리 마스크 벗고 자유롭게 생활하자고 제안했다. 그때 그렇게 했어야 했다. 규칙을 지킨답시고 일주일을 방 안에만 있었다. 음식을 하기 위해 방을 나설 때는 마스크와 비닐장갑을 끼고 방 안에 음식을 밀어 넣었다. 설거지 후엔 열탕 소독까지 했다. 빨래나 청소 후에는 내가 만진 모든 것들을 소독 티슈로 닦았다. 화장실도 따로 사용하고 아침마다 아들이 사용하는 화장실을 청소하고 소독제로 닦았다. 주방에 나갈 때도 교대로 방에서 나왔다. 그나마 여름이라 창문을 모두 열어 놓은 탓인지 아들이 격리 해제가 된 후 열흘이 지나도 나는 음성이 나왔다.

비가 와서인지 바람이 들어오는데도 식은땀이 나서 밤새 한숨도 못 잤다. 에어컨을 켜면 춥고, 끄면 너무 더웠다. 체한 것같이 속도 느글거린다. 자가 키트로 검사를 해 보니 희미하게 두 줄이 보인다. 보건소에 가서 PCR검사를 받았다. 다음 날 아침 확진 문자와 함께 격리 통지서가 왔다. 아들이 격리해제 된 지 열이틀 만이다.

너무 억울하다. 실컷 격리 수칙 잘 지키고 아들은 완치됐는데, 이제 와서 감염되어 또 격리라니 짜증이 난다. 이럴 줄 알았으면 아들이 걸렸을 때, 마스크 벗고 그냥 같이 걸렸어야 했다. 그나마 다행인 건 아들은 해제된 지 얼마 되지 않아 격리를 안 해도 된단다. 그래도 같이 밥을 먹거나 한 공간에 있는 건 피하고, 방을 나갈 때는 마스크와 비닐장갑은 착용한다. 머리로는 안 해도 된다고 생각하지만 격리에 익숙해진 몸이 말을 안 듣는다.

그래도 이번엔 아들이 외출하면 거실에 나가 TV도 보고 아이스크림도 먹는다. 소파에서 앉아 있는 것만으로도 사람 사는 것 같다. 아들이 이미 걸리지 않았었다면 꿈도 꾸지 못할 일이다.

결혼해서 분가한 큰아들이 결혼 전 직장 때문에 잠시 혼자 나가 산 적이 있다. 주말에 집에 오면 아이는 거실 소파에서 하루 종일 뒹굴며 행복해했다. 자기 집은 원룸이라 거실이 없어서 삶의 질이 떨어진단다. 침대에서 눈을 뜨면 보이는 게 집 전체라 너무 답답하다는 거다. 어차피 집에서는 자기 방에서 나오지도 않던 놈이라 거실 타령하는 게 우스웠다. 이제야 알겠다. 어쩔 수 없이 방 안에만 갇혀 있는 것과 내 의지로 방 안에만 있는 건 다르다는 것을…. 역시 경험해 봐야 타인을 이해할 수 있다.

집 밖엘 나가질 못하니 거실에라도 나가 있고 싶다. 거실은 집에서 가장 넓은 곳이기도 하지만, 온 집 안이 한눈에 들어오고 막힌 곳이 없어서 답답하지 않다. 창밖을 내다볼 수도 있다. 방 안에만 갇혀 있으려니 거실이 있는 삶이 그립다. 당연한 일상이 그리워지는 이런 삶이 이제는 그만 끝났으면 좋겠다. 이번이 진짜 마지막 격리이고 싶다.

(2022. 8.)

나의 유골함

내 유골함을 처음 본 건 아버님의 유골함을 영락전에 안치하면서다. 종손이신 아버님은 선산에 있는 조상들의 묘를 영락전을 세워 함께 모시는 걸 추진하셨다. 벌초할 사람을 구하기도 어렵고, 대부분의 후손들이 타지에 사는 현대 사회에서 고향의 묘지를 관리하는 건 힘든 일이다. 아버님은 종손인 손자에게 그 짐을 지우게 하고 싶지 않아 하셨다.

아버님 생전에 대부분의 조상들을 이장하여 영락전에 모셨다. 선산 여기저기에 흩어진 조상들을 모셨는데 이미 100기가 넘어 남은 자리가 몇 개 없다고 한다. 아버님 항렬까지 들어갈 수 있고 그 이후는 이미 돌아가신 분들만 들어갈 수 있다. 아버님의 아들인 남편이 작고했기에 그 옆에 특별히 내 자리까지 만들어졌다.

들어서 알고는 있었지만 자리가 있다는 소리로만 이해했지 진짜로 유골함이 마련되어 있을 줄은 몰랐다. 영락전 안에서 '유경희 신위'라고 쓴 유골함을 보니 기분이 묘했다. 살아있는 내가 죽은 나를 만난 것 같은 기분을 어떻게 표현할 수 있을까.

내 유골함을 두 번째 본 건 아버님의 삼우제 때였다. 제를 마치고 영락전 안으로 들어갔다. 내 유골함이 또 나를 만났다. 밖으로 나온 작은 아들이 작게 귓속말을 한다. "엄마! 여기 들어오면 층층시하 시집살이가 너무 심한 거 아냐? 들어가기 싫겠다." 죽어서도 시집살이한다고 생각하니 엄마가 너무 안됐다며 들어가기 싫으면 자기한테 말하라고 한다. 슬픔에 빠져 울던 아이가 눈이 빨갛게 충혈된 엄마에게 할 말은 아니지만 역시 아들은 내 편이다.

오늘 나의 유골함을 세 번째 만났다. 시할아버님과 시할머님, 남편의 이장을 하는 날이다. 윤달로 날을 잡아 우리집 세 분과 사촌 집 두 분을 묘지에서 영락전으로 이사 시켜 드리기로 했다. 내일로 윤달이 끝나기에 이장 예약이 많아 우리는 아침 7시부터 시작한다고 한다.

비가 온다는 일기예보에 걱정이 많았는데 아침에 일어나니 다행히 비는 오지 않았다. 다행이라고 생각한 것도 잠시, 정작 이장을 시작하려고 제를 올리는데 비가 내리기 시작한다. 점점 거세어지는 빗줄기에 그날이 떠오른다.

남편을 땅에 묻던 날도 비가 엄청나게 내렸다. 우산이 소용없을 정도로 쏟아지는 비를 보며 사람들은 젊은 나이에 떠난 그를 하늘도 서러워 우는 거라 했다.

그가 보고프면 부여의 산소에 갔다. 매해 그의 생일과 결혼기념일엔 혼자 그곳을 찾았다. 가면서 늘 생각했다. 그곳에 가면 그가 있는 걸까? 봉분 앞에 앉아 늘 깨달았다. 이곳에 와도 그는 없다는 것을…. 그곳에 가도 그를 만날 수 없다는 걸 알지만 결혼기념일이나 남편이 보고 싶을 땐 그곳에 갈 수밖에 없었다. 달리 갈 곳도 없고, 다른 누구와도 있고 싶지 않은 날이기 때문이다.

무덤은 죽은 자의 집이 아니라 산 자의 안식처일지도 모른다는 생각을 했다. 그 사람을 만날 수는 없지만 그 안에 있다고 생각하면 마음이 편해진다. 혼자서라도 하고 싶은 말을 다 쏟아내고 나면 다시 살아갈 힘을 얻는다. 그곳에 가도 그가 없다는 것을 깨닫게 되더라도 가는 길엔 늘 그를 만난다는 희망이 있다.

나의 안식처는 없어졌다. 영락전에 100여 분이나 모셔져 있는데 어찌 내가 그 단 앞에 앉아 그에게 편히 말을 할 수 있겠는가. 어쩌면 이제 명절 때만 아이들과 함께 성묘를 가게 될지도 모른다. 그때마다 영락전 문을 열고 들어가면 그 옆에 자리 잡고 있는 나의 유골함을 만날 것이다. 남편은 자신의 옆에 있는 나의 빈 유골함을 보며 무슨 생각을 할까,

유골함 앞에 서니 자연스레 죽음에 대해 생각하게 된다. 장례 준비를 다해 놓아 언제 죽어도 상관없을 것 같다. 다만 죽기 전에 주변 정리는 깨끗이 하고 싶다. 최소한 장롱 속 어지러이 굴러다니는 옷과 잡동사니 정도는 정돈해 놓아야 흉잡힐 거 같지 않다. 언제 어디서 어떻게 죽을지는 모르겠지만, 죽은 후에 남에게 욕먹는 사람은 되고 싶지 않다. 그 사람 참 괜찮았다는 소리를 듣고 싶다. 내 마지막 순간에 남에게 소홀했던 것이나 하지 못한 일에 대한 후회는 하고 싶지 않다. 막상 죽었다고 생각하니 살면서 해야 할 일도 많고, 하고 싶은 일도 많다는 걸 깨닫는다. 죽음에 대한 생각은 지나간 삶에 대한 성찰과 살아야 하는 이유를 생각하게 한다.

앞으로도 나는 매년 명절 즈음에 나의 유골함과 마주할 것이다. 살면서 자신의 유골함을 볼 기회가 있는 사람이, 그것도 이렇게 자주 볼 수 있는 사람이 얼마나 되겠는가. 나의 유골함을 만나는 순간마다 삶의 소중함을 깨닫고 남아 있는 삶에 충실할 것을 다짐하는 특별한 기회로 삼고 싶다.

(2023. 4.)

4

사람을 찾습니다

그때를 기억하는 법

대학 졸업 후에 처음으로 S와 만났다. 모교 입학 40주년 행사를 기회로 행사 며칠 전에 같은 과 여자 동기들이 만난 자리다. 35년여 만에 십여 명이나 만나다 보니 여기저기서 중구난방, 이 얘기 저 얘기로 정신이 없다. 갑자기 S가 임용고시 보러 대구까지 갔던 이야기를 한다. 나랑 친한 친구인 K도 대구에 가서 시험을 봤고, 나도 같이 갔었기에 관심 있게 들었다. 그런데 S가 K와 같이 갔는데 자기 외할머니 댁에서 함께 잤던 이야기를 한다. 그때 외할머니가 재혼을 하셔서 새 할머니였는데, 눈치 없이 친구까지 데리고 갔다고 참 어렸었다고 한다. 여기서 잠시 손을 들 수밖에 없었다.

K는 나랑 같이 갔고, 난 여태껏 우리가 여관에서 잤는지 알았다고 말했다. S도 나는 기억이 안 나고 자신과 K,

둘이 간 걸로 알고 있었다고 한다. 대구에 도착한 날 목욕탕에 갔던 이야기를 하는데 기가 막혔다. 목욕탕에는 나도 갔다. 문제는 나는 K와 둘이 간 걸로 기억하고 있고, S는 자기와 K, 둘만 간 걸로 기억하고 있다는 거다. 둘이서 그때를 이야기하다가 서로를 기억하지 못하는 걸 신기해했다.

집에 돌아와 K에게 전화를 걸었다. 우리 셋이 대구까지 기차를 타고 함께 갔고, S의 외할머니 댁에서 잔 게 맞단다. 셋이 목욕탕에도 같이 갔다고 한다. 이야기를 들었는데도 전혀 생각이 안 난다. K는 가끔 그때 내가 대구에 같이 가 준 이야기를 하며 아직도 고마워한다. 그동안 전혀 그때 일을 이야기한 적이 없는 것도 아닌데 그 이야기를 할 때 S의 이야기를 한 적이 없다. 이번에 같은 과 친구들을 만나지 않았다면 아마도 평생 모르고 있었을 것이다. 친하지도 않은 동기의 외할머니 댁에까지 쫓아가서 하룻밤 신세를 지고도 기억을 못하다니…. 내가 그렇게 은혜를 잘 갚는 성격은 아닌가 보다.

여러 명이 간 것도 아니고 셋이 갔는데 한 명을 기억 속에서 아예 삭제해 버리는 이런 경험은 처음이다. 아니 어쩌면 기억하지 못하는 기억 속에 그런 일이 또 있을지도 모른다. 그 상황을 꺼내놓을 기회가 없었을 뿐일 수도 있다.

S는 K가 대구에 임용고시를 같이 보러 갔기에 자신과 관계있는 일이라 기억하지만, 시험을 보지 않은 나는 아무 상관이 없으므로 기억하지 못하는 것 같다. K는 아무 연고도 없는 대구에

단지 경쟁률이 낮다는 이유로 지원했다. 나는 친구를 그렇게 먼 타지에 혼자 보낼 수가 없어서 여행하는 셈치고 따라갔다. 그러니 내 기억 속에는 아무 연결고리가 없는 S가 빠진 것이다. K 입장에서는 S는 임용고시를 같이 본 데다 외할머니 댁에서 잠까지 재워줬고, 나는 같이 따라가 준 친구이기에 둘 다 기억하는 것일 게다.

우리가 그때를 기억하는 법은 나랑 관계있는 것만 골라서 선택적으로 기억하는 것인지도 모른다. 하긴 사람의 머리도 용량이라는 게 있는데 어떻게 경험한 모든 것을 기억하겠는가.

가끔 드라마에 자기가 본 것을 사진처럼 다 기억하는 사람의 이야기라든가, 자기가 보고 듣고 경험한 모든 것을 기억하는 사람의 이야기가 나온다. 본 걸 다 기억하니 공부도 잘하고, 원하는 직장에 들어갔으나 결론적으로 그들은 행복하지 않았다. 사랑하는 사람이 떠난 순간을 매일같이 기억해야 하고, 잔인한 살인 현장을 눈앞에 보듯이 매순간 떠올리니 말이다. 망각은 신이 주신 선물이다. 그들은 온 세상 사람이 받는 그 선물을 혼자만 받지 못했으므로 행복하지 못한 게 당연한지도 모른다.

S는 우리 셋이 대구에 갔던 이야기를 하는데, 나만 기억을 못하면 황당하고 미안했을 것이다, S도 나를 기억 못하니 얼마나 다행인가. 우리는 그냥 자신과 관련이 없는 사항은 잊는 게 당연한, 평범한 인간이었을 뿐이다. 둘 다 외할머니 댁에 같이 간 것도 기억 못하는데 내가 신세를 갚았느냐고 묻는 건 물으나마나

한 일이다. 어차피 기억나지도 않는 일인데 그때 내가 목욕비를 냈다거나 밥이라도 샀을 것이라고 믿고 싶다,

요즘 애들 같으면 아무리 친구가 자기 외할머니 댁에서 자자고 해도 호텔로 갈 테고, 친구도 자기 집도 아닌 외할머니네로 가자고 굳이 권하지도 않을 것이다. 그때만 해도 그랬다. 타지에 아는 사람이 있으면 그 집에 가서 하룻밤 신세를 지는 게 그리 꺼려지는 일이 아니었다. 그걸 '정'이라고 부르던 시절이었다. 지금은 아마도 '민폐'라고 부를 것 같다.

이후에 S와 다른 친구를 만날 일이 있었다. 그날 내가 먼저 밥을 산다고 연락했는데, S는 예쁜 선물을 갖고 왔다. 빈손으로 나간 나는 또 미안해졌다. 분명한 건 지금의 우리를 봤을 때, 스물넷의 그 친구는 서울서 온 친구들의 잠자리와 식사를 외할머님께 부탁했을 테고, 나 역시 최소한 시험을 보고 나온 친구들에게 저녁밥은 샀을 거라는 생각이 든다. 그랬어야만 한다. 그래야 우리의 황당한 이 기억이 정겹고 따뜻한 그때의 추억으로 재탄생해서 남을 수 있다.

(2023. 8.)

사람을 찾습니다

내가 쓴 글들이 한 권의 책으로 묶여 나와 서점에 깔리는 건 가슴 설레는 일이다. 서점의 많은 책 중에서 내 책을 발견하는 일은 즐거운 경험이고, 그 책을 사람들이 집어서 훑어보는 장면은 상상만으로도 행복하다. 첫 수필집을 출간했다. 서점에 진열되어 있는 내 책을 보고 싶기도 하고. 다른 사람에게 책을 사 달라고 권유하고 싶기도 하고, 읽어 달라고 부탁하고도 싶다. 그런데 현실은 서점에서 내 책을 찾을 수도, 살 수도 없다. 유명하지도 않은 일반인의 책을 팔리지 않을 것을 뻔히 알면서 오프라인 서점에 깔지는 않기 때문이다. 그래도 교보문고 몇 개 지점에 한 권씩 넣은 게 팔리면 그거라도 채워 넣었으면 하는 아쉬움은 남는다.

아들이 출근하면서 교보문고에서 엄마 책을 사고 기념

으로 사진도 찍어 오겠다고 했다. 집에 온 아이가 광화문점에 있는 걸 확인하고 달려갔는데 재고가 없다며 아쉬워한다. 정 사진 찍고 싶으면 집에 있는 책 들고 가서 찍든가 예약 주문하고 오라고 웃으며 말했지만 나 역시 섭섭한 마음을 감출 수는 없다. 친구도 서점에 갔더니 재고가 없다고 '재고-없음' 화면을 캡쳐해서 단톡방에 올렸다. 그걸 본 다른 사람들은 벌써 품절이냐며 대박 났다고 놀라워하며 축하해 준다. 교보에서만 판다고 말해 놓고 그 지점엔 안 들어간 거 같다고 할 수는 없어서 한 권씩만 들어갔는데 누가 사 갔나 보다고 했다. 다행히 재고가 없다는 건 아예 들어가지도 않았다는 뜻을 사람들은 모르는 것 같다.

그런데 기분이 묘하다. 내가 유명인이라면 책은 서점의 진열대에 전시될 수 있을 텐데 서점에도 들어가지 못한다는 사실이 서운하다. 알고 있던 사실도 눈으로 확인하면 섭섭한 게 사람 마음이다. 그렇지만 역으로 생각하면 유명인이 아니니까 실물을 서점에 들여놔야 사람들이 보고 선택해줄 수 있는 거 아닐까 싶기도 하다. 인터넷 서점 역시 책이 전혀 노출이 되지 않아 제목을 정확히 입력하기 전에는 찾을 수도 없다. 아무도 모르는데 내 주변 사람이 아닌 바에야 누가 그 책을 찾아서 구입하겠는가. 주변 사람들도 내가 사인해서 그냥 줄 책을 굳이 살 거 같지도 않다. 결국 내 돈 내고 출판해서 주위 사람들에게 나눠 주는 게 일반인의 책 출판인 셈이다.

많은 사람이 내 책을 구입해서 읽으면 좋겠다는 생각을 해 본다. 베스트셀러가 되는 황당한 상상을 해 보기도 한다. 상상한다고, 꿈꿔 본다고 죄가 되는 건 아니니까…. 문득 대학시절의 한 장면이 떠오른다. 버스의 뒷좌석이었다. 옆에 앉은 그가 나중에 내가 책을 내면 자신이 100권인가 1,000권인가를 사서 베스트셀러를 만들어 주겠다고 한다. 무슨 얘기를 하면서 나온 말인지도 기억나지 않는다. 그때까지만 해도 책을 낸다는 건 상상도 안 할 때여서 제대로 듣지도 않았을 성싶다. 단지 내가 국어를 전공한다는 이유만으로 책을 낸다고 생각하는 사실이 우스울 뿐이었다.

책을 출판하고 나니 느닷없이 그 생각이 난다. 책을 출판했는데 사서 읽을 사람이 없다는 생각을 하니까 자꾸만 그 장면이 떠오른다. 그런데 중요한 건 그가 누구인지가 기억나지 않는다는 거다. 선배일 수도 있고, 동아리 친구일 수도 있고 혹은 같은 과 동기였을 수도 있다. 그 말을 한 장본인이 남자인 건 기억나는데 누구였는지가 생각이 안 난다. 워낙 여학생보다 남학생이 많은 학교인지라 그 말을 했을 만한 사람이 여럿이라는 게 문제다. 그 중 두엇 짚이는 인물이 있기는 하다. 그러나 나조차 누구인지 확신이 안 선 상태에서 무작정 그의 기억 속에는 남아 있지도 않을 사실을 들먹이며 약속을 지키라고 할 수는 없다. 자기 여자도, 친한 친구도 아닌 나에게 1,000권은 고사하고 10권이나마 사 줄 그는 이제 없다. 그래도 그를 찾아내서 한 권이라도 사라고 해야 하는데, 결정적으로 누구인지를 기억해 내지 못하는 사실이 못내 아쉽다. 광고라도 내야 될 것 같다.

'대학시절, 출판하면 내 책을 베스트셀러로 만들어 주겠다는 당신을 찾습니다.'

찾는다 해도 100권은커녕 10권도 사 주지 않을 것 같기는 하지만 묻고 싶은 게 있다. 그 시절 왜 내가 책을 낼 거라고 생각했는지 알고 싶다. 소설이랍시고 끄적거리던 게 있었는데 그걸 보여줬는지, 아니면 내가 소설을 쓰고 싶다는 얘기를 했는지 궁금하다. 글이라고는 일기밖에 안 쓰던 나에게 작가라는 꿈이 있었는지, 책을 내면 베스트셀러로 만들어 주고 싶다는 그의 말을 왜 아무나 글을 쓰냐고 무시했는지 알고 싶다. 젊은 시절 무슨 꿈이 있었는지 나도 잊고 있는 그 사실을 왠지 그는 알고 있을 것만 같다.

(2020. 10.)

그리운 사람

어릴 적, 같은 교회를 다니던 고등부 친구들이 모임을 갖기로 했다. 30여 년 만의 만남이다. 모임을 위해 카카오톡에 단체 톡방을 개설했는데 스물두 명이나 된다. 그중에는 아무리 생각해도 기억나지 않는 이름도 있지만 대부분은 얼굴이 떠올랐다. 결혼하면서부터 아예 교회에 나가지 않은 나로서는 그 모임에 참석할 자격이 있는지 알 수 없어 참가 신청을 미루었다.

열일곱 명이나 참석하겠다는 의사를 보였다. 보고 싶은 친구들이 너무나 많다. 참석하지 못하는 사람 중에 고등학교 때 서로의 집을 오갈 정도로 친했지만 그동안 연락이 되지 않던 친구가 있다. 카카오톡에서 친구 신청을 하여 대화를 나눴다. 지금 필리핀에 살고 있는데 한국에 다녀간 지 얼마 안 되어 이번에는 못 온다고 한다. 만나지 못함이 아쉽지만 30년 만의 대화가 반가웠다. 그립다.

중년이 되어 예전의 풋풋했던 친구들과 다시 만났다. 세월은 어디로 갔는지 마치 계속해서 연락하며 지내던 사람들처럼 수다를 떤다. 그중 몇몇은 5년 전쯤, 친구 어머님이 돌아가셨을 때 상가에서 스치듯 만나기도 했지만 제대로 대화를 나눈 건 실로 오랜만이다.

K가 반갑게 인사를 한다. K는 대학시절 친구의 친척이다. 그 사실을 아주 나중에 알았기에 예전에는 서로 그에 관한 이야기를 나눈 적이 없다. K가 그를 기억하냐며 "걔가 너 무지 좋아했는데…." 하고 말을 건다. "근데 나한테 왜 그렇게 못되게 굴었데?" 하다가 나도 모르게 "그 못돼 처먹은 놈."이라고 중얼거렸다. 말을 뱉고 나도 놀랐다. 그런 말은 평소에 내가 쓰지 않는 단어이다. K가 당황하여 "걔가 얼마나 착한 앤데…." 하고 말을 얼버무린다. 만나보고 싶지 않느냐는 질문에 반사적으로 "전혀…"라고 답했다.

그리고는 한참을 후회했다. 타인에 대한 기억에 대해 그렇게밖에 답하지 못하는 내 수준이 부끄러웠다. 나이가 먹어도 생각 없이 말이 튀어나오는 건 쉽게 고쳐지지 않는다. 당연히 기억하고 있다는 정도로 교양 있게 대답해도 될 일이었다.

대학시절, 어느 추운 날이었다. 서클 동기 모임이 있는 날이라 했는데도 그는 만나자고 했다. 동기들을 만나러 가기 전에 잠깐 만났다. 그 자리에서 친척 누나의 결혼을 언급하며, 자기 엄마가 딸은 아무 집에나 시집보내도 되지만 며느리는 좋은 집안에서 데려와야 한다고 했단다. 그러면서 말끝에 자기 엄마가 우리 집안이 별로라서 나를 싫어한다고 했다. 차라리 너를 좋아하지 않는다고 말했다면 그렇게 자존심이 상하지는 않았을 것이다. 결혼 같은 건 생각지도 않는 어린 나이에 엄마 핑계를 대며 만나고 싶지 않다는 말을 돌려 하는 거라고 생각했다.

그날의 황당함은 지금도 기억된다. 그는 헤어짐의 준비가 전혀 되어 있지 않았다. 왜 헤어지는지 이유를 모르겠다는 식이다. 헤어질 생각이 아니라면 그런 이야기는 하지 말아야 했다. 부모를 바꿀 수 없는 한 계속 만난다 해서 집안이 별로라고 여겨지는 내가 그의 어머니 마음에 들 수는 없는 일 아니겠는가.

그의 집안은 얼마나 대단한 집안이고, 그의 어머니는 어느 정도로 좋은 집안의 여인을 며느리로 맞이했는지, 그는 우리가 헤어진 이유를 알고나 있는지 궁금하기는 했다. 그리고는 잊고 살았다. 그런데 나도 모르게 '못돼 처먹은 놈'이라는 말이 튀어나온 걸 보니 그때의 상처가 깊었나 보다.

어쩌면 나를 못돼 처먹은 사람으로 기억하는 사람도 있을 수 있다. 인간관계에서 내가 들인 시간과 정성에도 불구하고 상대방이 그 마음을 몰라준다면 기억 창고에 나쁜 사람으로 입력하지 않겠는가. 나 역시 나에게 보내지는 관심을 불편해하며 어이없는 말로 상처를 준 적이 있다. 오래전에 대학 동창을 만났다. 그때 그는 대학 시절에 내가 자신을 거절하며 우리 엄마가 광주 사람을 싫어하기 때문이라고 했단다. 그 친구도 이미 광주에서 태어난 사실은 바꿀 수 없기에 포기할 수밖에 없었다고 했다. 물론 나는 전혀 기억나지 않을 뿐만 아니라 어쩌다 내가 그런 말도 안 되는 이야기를 했는지 믿어지지도 않았다.

그렇다고 나이를 먹을 만큼 먹은 지금이라고 해서 항상 타인을 배려할 수 있는 건 아니다. 여전히 마음에 담고 있는 말을 머리로 거르지 못하고 급하게 뱉어낸 후 후회한다. 뱉은 말을 후회하고 반성하지만 그래도 또 실수를 한다. 때론 뱉은 말이 남에게 상처가 되었는지조차 모를 때도 있다.

과연 나는 타인의 기억 속에 어떤 사람으로 저장되어 있는지 궁금하다. 그리운 사람이라는 평가는 못 받더라도 최소한 좋은 사람이라는 기억으로 남고 싶다. 기억하고 싶지 않은 사람이라거나 다시 보고 싶지 않은 사람이라는 말은 듣고 싶지 않다. 그러고 보면 나한테 '못돼 처먹은 놈'으로 기억되는 그뿐만 아니라 그렇게 기억할 수밖에 없는 나 역시 안됐기는 마찬가지다. 사람과의 관계에서 상처를 남긴 까닭이다. 과거의 모든 사람을 그리운 사람으로 남기고 싶다. 그리고 나 또한 그들에게 그리운 사람으로 기억되고 싶다.

(2016. 12.)

그때 나는

tvN에서 주말마다 방영하는 「우리들의 블루스」라는 드라마를 본다. 극중 친형제처럼 서로 의지하던 인권과 호식은 어느 날인가부터 원수지간이 되어 있다. 아래 위층에 살고, 같은 시장에서 일하건만 마주치면 싸우기 일쑤다. 그런 그들의 자식들은 마치 로미오와 줄리엣인 양 서로 사랑한다. 거기다 고등학생인 두 아이 사이에 아기가 생겼단다. 이 일로 시장 한복판에서 싸우다 그들은 유치장에 갇히고 만다.

철창 안에 마주앉아 인권은 갑자기 왜 그렇게 자신을 싫어하게 됐냐고 묻는다. 호식은 도박하는 자신 때문에 아내가 도망간 날, 딸에게 먹일 밥값도 없어서 도움을 청했을 때 거지같은 새끼라고 하지 않았느냐, 딸내미 앞세워 앵벌이 시키니까 좋으냐고 하지 않았냐고 따져 묻는다. 인권은 거지같다고 말한 게 한두 번이 아니었는데 새삼스럽게 왜 그게 문제가 됐는지 이해할 수 없다. 호식이 말한다. 그때 나는 집도 돈도 없는 진짜 거지였다고….

호식은 돈을 빌릴 때마다 은권에게 거지같다는 말을 들었지만 그동안은 그 말에 신경도 쓰지 않았다. 그건 자신이 거지가 아니었기 때문이다. 거지가 아닌 사람에게 거지같다고 하면 그냥 넘길 수 있다. 인간의 마음은 섬세하고 미묘하다. 같은 말을 들어도 상황에 따라 마음이 다르게 반응한다.

그 장면을 보면서 문득 예전의 일이 떠오른다. 수영장 탈의실에서 옷을 갈아입는 나에게 A는 티셔츠가 잘 어울린다며 외출복 해도 되겠다고 말한다. 그냥 고맙다고 하면 될 것을, 나도 모르게 아무리 없이 살아도 이런 싸구려를 외출복으로 입지는 않는다고 내뱉었다. 그러고는 아차 싶었다. 그 티셔츠는 며칠 전 A가 나에게 사 준 것이다. 수영장이나 헬스 등의 탈의실에는 가끔 보따리를 들고 와서 물건을 파는 사람들이 있다. 같이 운동하는 사람들이기도 하고 그 가격이 그리 높지 않기에 대부분 하나씩 사 주곤 한다. 그날도 보따리에서 나온 셔츠들이 예쁘고 싸서 A가 두 개를 구입해 하나를 선물한 것이다.

사실 그때 나는 '싸구려'라는 말이 마음에 맺혀 있었다. 동창회에 간다는 말에 누군가가 명품 가방을 빌려서 가라고 했다. 우리 나이엔 명품 가방을 들고 나가야 동창들에게 무시당하지 않는단다. 차려입고 나가지 않아도 되는 자리라고 하자, 싸구려 가방만 들지 말고 이 기회에 명품 가방 하나 정도는 구입하라고도 했다. 그때 나는 빠듯한 생활비에 아이들 학원비를 대느라 명품 가방은커녕 백화점에 누워 있는 이월 상품도 안 살 때였다. 줄일 수 있는 건 오롯이 내 몫뿐이었다. 그런 상황에서 들은 싸구려 가방이라는 말은 마치 내가 싸구려 취급을 받는 것처럼 자존심이 상했다. A에게 신경질적으로 반응한 건 종로에서 뺨 맞고 한강에서 눈 흘긴 격이다.

그래도 싸구려란 말을 한 사람이 누구였는지 기억나지 않는 걸 보면 그때 내가 아주 힘든 상황은 아니었나 보다. 황당하고 기분 나빴을 A에게 바로 사과하지 못했음이 마음에 걸릴 뿐이다. 당시엔 싸구려라는 말을 사과하는 게 더 이상하다고 생각했다. 다른 사람이 사 줬으면 싸구려이고, 그가 사 줬으면 싸구려가 아닌 건 아니니 말이다. 지금 생각하니 바로 내 마음을 설명하고 이해를 구했어야 했다. 시간이 지날수록 더욱 말하기 어려워져 찜찜한 상태로 세월은 흘렀다. 내가 수영을 관두고, A는 함께 하던 모임에 나오지 않으면서 소원해졌다. 연락이 끊기게 된 데에는 그날의 실수가 큰 역할을 한 건 아니었나 하는 생각이 가끔 들곤 했다.

사람들은 가까운 사람들에게서 마음의 상처를 입는다. 가까운 사이기에 상처를 숨기고 예전처럼 지내기도 하지만, 오히려 가깝기에 그 상처가 회복되지 않으면 관계가 끊어질 수도 있다. 관계가 끊어지고 원수 사이가 되는 마음의 상처는 우습게도 말 한마디에 시작되기도 하고, 또 한마디 말에 봄눈 녹듯 풀어지기도 한다. 말한 이는 잊어도 들은 이는 잊을 수 없는 그 한마디는 결국 내 상황이 어땠느냐에 달려 있는지도 모른다. 은권이도 억울해하며 소리치지 않는가. 내가 너한테 거지같은 새끼라고 한 게 어디 한두 번이었냐고…. 같은 말이라도 듣는 사람의 상황에 따라 마음에 상처를 입기도 하고 흘려듣기도 한다.

십수 년이 흘렀어도 A에겐 아직 미안한 마음이 남아 있다. 그러나 언젠가 A를 만난다 해도 새삼스럽게 그 이야기를 꺼낼 용기는 없다. 그때 나는 싸구려라는 단어에 마음이 상해 있을 때라 무의식적으로 튀어나온 말이었다고 이제 와서 이해를 구하는 것도 우습다. 설령 그때 나는 그랬노라고 양해를 구한들 그가 나를 완전히 이해할 수도 없다. 다만 내가 싸구려 가방 이야기를 한 이가 누구였는지 기억하지 못하는 것처럼, 그 역시 당시에는 기분이 상했겠지만 지금은 기억하지 못했으면 하는 바람뿐이다.

(2022. 5.)

언니의 부탁

고인에게 인사를 드리러 들어갔다. 제단에 올려진 액자가 눈에 들어온다. 며칠 전 전시회에서 본 그림이다. 빨간 치마에 조각보를 연상케 하는 화려한 저고리는 장례식장이라는 곳에 어울리지 않는 붉은 톤이라 눈에 확 띈다. 제목은 '우리 엄마'로 기억한다. 그 옆에는 전시회 책자가 펼쳐져 있다. 액자에 있는 작품도 언뜻 보인다. 내 엄마가 아닌데도 왠지 울컥한다.

얼마 전, 작은아이 친구 엄마인 친한 언니가 파우치 하나를 내밀었다. 아들이 군 훈련소에 있을 때 자신이 인터넷 카페에 올린 글과 손 편지란다. 회갑을 기념해서 그림 전시회를 열 계획인데 그에 맞춰 이 편지들을 책으로 엮고 싶다고 한다. 훈련소 기간이라야 불과 한 달 남짓인데 하루에 800자 정도의 글로 무슨 책을 만드느냐고 물었다.

얇아도 50권 정도 제본해서 아들과 친척들에게 기념으로 남기고 싶다며 교정을 부탁한다.

인터넷 편지니까 군 사이트를 알려주거나 파일로 보내 달라 하니, 5~6년 전이라 훈련소 카페에서 찾기도 쉽지 않단다. 예전에 프린트해 놓은 것을 갖고 온 탓에 일일이 손으로 입력해야 했다. 귀찮긴 했지만 거절할 이유도 마땅치 않다. 작은아이에게 글을 사진으로 찍어 한글 파일로 바꾸는 프로그램이 있다는데 찾아서 옮겨 달라고 부탁했다. 몇 개 하던 아이가 글씨가 너무 흐려서 잘 안 된다며 차라리 입력하는 게 빠르겠다고 한다. 아르바이트로 생각하고 해 달라고 넘겼다. 맡은 김에 교정까지 하라 하고 나는 슬쩍 발을 뺐다.

아이는 대학을 졸업하고, 군대를 다녀와서 배우가 되고 싶다며 연기 학원을 다니는 중이다. 딱히 바쁠 것도 없는데 하필이면 이 일을 부탁할 무렵, 영화관에서 상영될 광고와 전국 매장에 걸리는 의류 광고를 찍게 되었다. 아이를 케어해 줄 기획사 미팅과 드라마 오디션까지 하느라 갑자기 바빠졌다. 그렇다고 도중에 그만둘 수도 없기에, 나 역시 시간을 쪼개 입력 작업을 교대로 했다.

언니에게 교정한 글을 프린트해 보여 주며 글씨체를 선택하라고 했다. 내가 선택한 글씨체가 괜찮은 것 같다고 한다. 그러면서 그림이 열일곱 점인데 앞에는 도록처럼 그림을 넣고 뒷부분에 편지글을 싣고 싶다고 했다. 책 표지와 전시회 포스터까지 해 달라기에 뭐 어렵겠나 싶어 그림을 파일로 보내 달라고 했다. 다행히 아이가 미대 출신이라 할 수 있을 것 같았다. 그런데 언니네 화실 선생님이 해외여행을 갔기 때문에 그림 파일이 전시회를 며칠 안 남기고 왔다.

우리집 컴퓨터엔 PDF프로그램이 없다. 그림을 넣어서 표지와 포스터를 만들려면 필요한 프로그램이란다. 아이가 프로그램이 있는 친구의 노트북으로 만들어 왔다. 표지와 그림을 앞에 넣으니 '한글'로 만든 편지글들이 밀려서 제자리를 잃었다. 엉망이 된 페이지를 다시 편집해야 했다. 그림 때문에 파일이 커져서 옮기고 저장할 때마다 오래된 컴퓨터의 모래시계가 돌면서 시간이 많이 걸렸다.

새벽까지 겨우 완성해서 견본으로 한 권 뽑아 주었다. 그때부터 그림의 색이 너무 진하다, 제목이 글씨가 크네, 글씨체가 맘에 안 드니 '윤고딕 300'으로 자간을 넓히고 띄어쓰기는 좁게 하라는 등 요구가 빗발친다. 화실에 갈 때마다 선생님이나 다른 작가들이 조언을 하나 보다. 아무래도 아이가 전문가가 아니다 보니 의뢰인(?)들이 보기에는 많이 부족했을 것이다. 수정을 요구할 때마다 아이는 PDF프로그램이 있는 PC방에 다시 가서 작업을 해왔다. 아이에게 미안해서 그림 작업으로 밀려 엉켜버린 글들의 정리는 내가 했다. 컴퓨터가 멈출 때마다 사공이 그렇게 많으면 전문가에게 맡겼어야지 동네 아줌마한테 맡기면 어떻게 하느냐고 중얼거린다.

고급 용지를 사용해 완성된 책자는 견본으로 뽑은 것보다 훨씬 멋졌다. 뿌듯하기도 하다. 비용은 생각보다 많이 들었다. 50여 쪽밖에 안 되는데 거의 책 한 권 값이다. 소량에다 컬러 복사비가 비싸고 제본비가 권당 따로 붙기 때문이란다. 50권의 가격을 말했다가는 고생은 고생대로 하고 차라리 전문가에게 맡길 걸 그랬다는 소리를 들을까 겁이 난다. 요구사항 많은 아는 의뢰인의 뒷말은 원천 봉쇄하는 게 나을 거 같다. 설마 선물에 토 달까 싶어 책은 회갑 선물로 하기로 했다. 어차피 선물은 해야 하니 선물 고민을 안 해도 되고, 언니도 자신의 회갑 선물을 직접 마련하는 것보다 남이 해 주는 게 기분 좋을 것 같다. 성인인 아이에게도 그냥 용돈을 주기보다는 일한 대가로 지불하고 나니, 내 지갑이 얇아진 사실만 제외하면 모두에게 좋은 일인 듯싶다.

책이 나온 지 일주일 만에 언니의 어머니가 돌아가셨다. 어머님 앞에 헌정된 책을 보니 책을 만들 때 투덜거린 게 미안해진다. 전시회의 주제는 「나의 고향, 나의 엄마」이다. 작품 중 두 점은 조각보로 전승공예대전에서 수상한 엄마를 생각하며 그린 조각보 모양의 한복이다. 돌아가신 어머니에게 바칠 것이 있다는 사실이 부럽다. 그리고 거기에 한몫했다는 사실이 감사하다. 시간과 노력을 투자한 일은 배신하지 않는다는 말이 생각난다. 나는 내 어머니에게 바칠 수 있는 것이 과연 무엇이 있을지 생각해본다.

(2019. 6.)

뗄 수 없는 관계

엄마가 아침부터 계속 토하고 속이 답답하다고 하시더니, 지금은 숨을 잘 못 쉰다고 요양사에게서 전화가 왔다. 옆에서 왜 숨 안 쉬냐고 흔들면 겨우 숨을 내쉬니 겁이 난다며 구급차 불러서 응급실에 가도 되겠냐고 묻는다. 죄송하지만 그렇게 해 주시면 감사하겠노라 하고, 지병이 있으시니 다니던 병원으로 가 달라 부탁했다.

꽉 막힌 도로에서 어찌할 수도 없는데 빨리 좀 오면 안 되냐는 전화가 벌써 세 번째다. 노인 병원에는 응급실이 없어서 다른 병원으로 갔는데, 병원에 환자의 병력이 없어서 치료에 지장이 있다며 의사가 보호자를 찾는단다. 차가 밀려서 한 시간쯤 후에나 도착할 것 같다고 말했다. 빨리 갈 수도 없고 마음만 급하다.

엄마는 1년 전부터 우리집에 와 계신다. 당뇨 합병증으로 양쪽 시력을 잃어서 혼자 생활하기 힘들다. 2년 전에 아버지가 돌아가신 후, 큰아들 집으로 들어갔는데 1년 만에 며느리가 더 이상 못 모신다고 해서 우리집으로 오셨다. 기본적으로 당뇨약과 인슐린 주사, 고혈압, 콜레스테롤, 신장 약에 변비약까지 하루에 먹어야 할 약만 한 보따리에 안약 종류도 4가지나 된다.

노인들이 복용하는 약의 숫자가 많은데, 그중에는 효능이 겹치는 약들이 있어서 부작용이 많다는 인터넷 기사를 봤다. 드시는 약을 다 노인 전문 병원에 갖고 가 정리할 필요가 있다고 한다. 우리 집으로 오신 후, 다니던 병원도 멀고 마침 집 근처에 노인 전문 병원이 있어서 그곳으로 옮겼다.

며칠 전부터 엄마가 기운이 없다며 자꾸 눕기에 약이 조금 의심스럽던 참이다. 정기 검진 때 혈압이 너무 높아 혈압약을 하루에 한 알 추가하자는 말을 분명히 들었는데 처방전은 하루 세 번으로 나왔다. 간호사에게 말을 하니 선생님 처방이 그렇게 나와 있다며 잘못 들었다고 한다. 처방전을 훑어본 간호사가 혈압이 떨어지지 않아서 추가한 게 맞다는데 찜찜해도 그냥 올 수밖에 없었다. 병원에 다녀와 새로 바뀐 약을 복용하고 이틀쯤 지난 후부터 기운이 없다 하셔서 약이 과한가 싶었다. 거기다 허리가 아파서 요양사에게 진통제를 달라고 하여 세 번쯤 드셨단다.

집에 들러 처방전과 진통제를 가지고 병원에 갔다. 역시나 약을 너무 많이 드셔서 신장에 무리가 가는 바람에 폐에 물이 차 호흡 곤란이 왔다고 한다. 순간 안심(?)이 된다. 지난번에 시아버

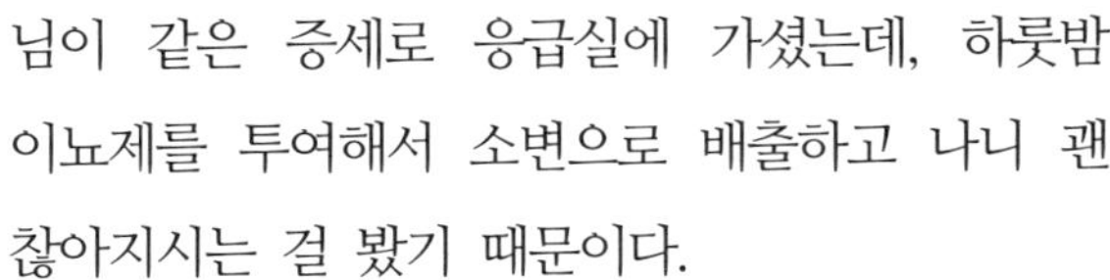

님이 같은 증세로 응급실에 가셨는데, 하룻밤 이뇨제를 투여해서 소변으로 배출하고 나니 괜찮아지시는 걸 봤기 때문이다.

엄마는 중환자실에서 일반 병실로 옮기자 바로 집에 가겠다고 한다. 병원에서 해 주는 게 없단다. 이제 살만하신가 보다. 그래도 몸 상태에 맞는 약을 다시 정하고, 예후를 봐야 한다고 달래서 며칠 더 병원에 계시게 했다.

백세 시대라지만 골골백세라고 한다. 나이가 들면 신체 기능이 떨어져 생기는 각종 질병으로 누구나 한 가지 이상의 약은 기본적으로 복용하게 된다. 수십 년을 매일같이 사용한 몸이니 제 기능을 제대로 못하고 고장 나는 건 당연하지 않겠는가. 고장 난 몸이나마 유지하고 사용할 수 있게 해 주는 고마운 약이지만, 과하면 도리어 독이 된다는 당연한 사실을 눈으로 확인하니까 오히려 놀랍다.

얼마 전부터 나도 콜레스테롤 약을 먹기 시작했다. 3개월 사이에 콜레스테롤 수치가 73이나 올랐다. 원래 수치가 정상 범위보다 높았지만 약을 먹을 정도는 아니었다. 의사가 깜짝 놀라며 건강식품이나 음식 등 뭐 장기 복용한 건 없냐고 묻는다. 딱히 새롭게 먹은 건 없다고 대답했지만 짚이는 건 있다.

근 1년 동안 혼자 살았는데, 매일 아침저녁으로 빵을 먹었다. 원래 빵이나 과자를 좋아하는 데다 점심은 거의 나가 먹으니 밥을 아예 안 했다. 버릇이 돼서 요즘도 아침에 가족들에게는 밥을 줘도 나는 커피와 빵으로 식사를 한다. 저녁 역시 빵이나 과자로 때울 때가 많다. 결혼 전에도 빵만 먹고 밥은 잘 안 먹어서 아버지한테 미국으로 시집가라고 지청구를 듣곤 했다. 콜레스테롤의 치료는 생활 습관 개선이 약물 치료 못지않게 중요하다는 것을 귀에 못이 박히게 들으면서도 식습관은 쉽게 고쳐지지 않는다. 이런 성인병 약은 한 번 복용하면 평생 먹어야 한다는데 이제 약과는 떼려야 뗄 수 없는 관계가 된다는 사실이 슬프다.

엄마는 중환자실에서 이뇨제를 투여하고 하루가 지나도 신장 수치가 떨어지지 않았다. 신장의 기능이 얼마 남지 않았기 때문에 이 상태가 계속되면 투석을 해야 한다는 말을 들으면서 병원에 모시고 다닐 자신은 없다고 생각했다. 자식이 아프다면 과연 이런 생각을 할까 싶어 죄송스러운 마음이 든다. 내리사랑은 있어도 치사랑은 없다더니 부모에게 자식은 영원히 불효자일 수밖에 없나 보다. 원래 상태로나마 돌아와서 퇴원하셨으니 정말 다행이다.

(2018. 10.)

관계는 시간을 필요로 한다

휴대폰을 무음으로 바꾸려는 순간 카톡이 왔다. 오랫동안 잊고 있던 이름이다. 35년여가 흘렀음에도 바로 얼굴이 떠오른다. 반가움에 설레기까지 하다. 그동안 잘 지냈냐는 물음에 바로 답장을 보낸다. 그런데 톡이 온 시간이 하필이면 연주회가 막 시작되려는 무렵이다. 공연을 보러 왔으니 전화번호를 알려주면 다음 날 연락하겠노라 했다.

연주회가 끝나고 휴대폰을 켰다. 새로운 단톡방에 초대가 되어 있고, 엄청난 양의 채팅이 오가고 있다. 같은 과 동기들이 '입학 40주년 모교 방문 축제'를 맞아 단톡방을 개설한 것이다. Y는 그곳에서 나를 발견하고 연락했나 보다.

Y와는 재학시절에는 별로 친하지 않았다. 그냥 얼굴만 알고 마주치면 잠깐 이야기를 나누는 같은 과 동기일 뿐

이었다. 그런데 졸업 후에 회사는 달랐지만, 같이 여의도에서 근무하게 되었다. 때론 점심시간에 만나기도 하고, 퇴근 후에는 명동에 함께 가서 쇼핑도 하고 밥도 먹었다. 그 친구가 결혼해서 홍콩으로 가기 전까지는 자주 만나고 친하게 지냈다. 첫아이를 출산하러 한국에 들어왔을 때 만난 이후로 연락이 끊긴 것 같다.

이상하게도 그동안 난 그 친구 이름을 한 번도 기억하지 않았다. 그렇다고 생각을 안 한 것도 아니다. 다른 사람에게 '내 친구가…' 하면서 그와의 경험을 이야기한 적도 있다. 그러면서도 그 이름을 떠올리지는 않았다. 핸드폰 화면에 뜬 그 이름에 바로 얼굴을 떠올린 게 신기할 정도다.

다음 날, 집에 도착하면 연락을 주겠다는 Y가 저녁이 되도 소식이 없다. 지금 통화 가능하냐는 톡을 보낸다. '응. 내가 할게.' 라는 답장을 보고 기다리는데 전화가 없다. 어차피 통화가 가능하다는 뜻이기에 전화를 걸었다. 통화를 하다 보니 젊었을 때의 목소리가 기억이 나는 듯하다. 말투도 익숙하다. 예전의 친구들을 만나면 이상하게도 마치 엊그제 만났다 헤어진 사람처럼 어색함이 없다. 빠르게 서로 30년 넘는 세월을 요약하여 보고했다. 첫아이를 낳으러 한국에 왔을 때 마침 내가 결혼을 해서 내 결혼식에도 참석했다고 한다.

전화를 끊고 나서 결혼 앨범을 찾아보니 앳되고 예쁜 그 친구가 뒷줄에 자리하고 있다. 그런데 나는 왜 결혼식에 왔던 게 생각나지 않는지 모르겠다. 그가 지금 살고 있는 곳이 창원이라 바로 만나는 건 여의치 않았다. 입학 40주년 행사에서 꼭 만나자고 한다.

사실 난 그 행사에 가고 싶은 마음이 별로 없다. 단톡방에 40여 명 들어와 있는데, 이야기를 나누는 사람들을 보니 낯선 이름이 더 많은 것 같다. 우리는 잠시 졸업정원제를 시행하던 시기에 대학에 들어갔다. 인원이 130명이나 되어서 A, B 두 반으로 나뉘었다. 같이 수업을 듣지 않거나 눈에 띄지 않던 동기는 학교 다니면서도 잘 몰랐다. 특히 나같이 학과 일에는 별 관심이 없던 사람들은 더 그렇다. 내 등장에 반가워하고 기억해 주는 동기들도 있고, 나 역시 기억나는 친구들이 몇몇 있다. 그렇다고 과 동기 모임도 아니고 학교 전체 행사까지 참가하고픈 마음은 별로 들지 않는다.

통화 후에 Y에게서 목소리 들으니 좋았다는 톡이 왔다. 나도 반갑고 좋았다는 답장을 보내는데 위에 온 메시지가 눈에 들어온다. '응. 내가 할게.'가 아니라 '응. 네가 할게.'이다. 그래서 전화가 오지 않은 건가 싶어 갑자기 당황스럽다. '네가 할게.'는 문법적으로도 맞지 않는 말이라 오타려니 생각했지만 기분이 묘했다. 계속 만나오는 친구가 그렇게 썼다면 신경도 쓰지 않았을 일이다. 오히려 장난으로 알거나 유머로 받아들여 웃으면서 전화했을 것이다. 문득 관계에는 시간이 필요하다는 생각이 든다.

어린 시절이나 젊은 시절에 친했던 사람은 수십 년이 지나 만나도 반갑다. 그 시절을 기억하기 때문이다. 조금 이야기하다 보면 공유한 기억이 튀어나와 함께 웃으며 행복해하기도 한다. 그러나 만날 당시에는 반가워하고 다음 만남을 기약하지만, 그때가 지나면 금세 잊고 만다. 그 만남을 이어가려면 최소한 둘 중 하나의 노력이 필요하다. 통화를 한다거나 같이 밥을 먹고 이야기를 나누는 시간을 가져야만 하기 때문이다. 지금까지 이어오는 사람들과의 관계는 거저 얻은 게 아니다. 그만큼의 시간을 투자해서 함께 한 기억을 만든 덕이다.

단톡에 수학여행이나 MT, 졸업 등 서로를 기억할 수 있는 사진들이 올라온다. 한 눈에 알아볼 수 있는 동기들도 많다. 졸업앨범을 찾아보고 나서 카톡의 이름과 프로필 사진을 찬찬히 들여다본다. 현재 사진을 봤는데 나도 모르게 그의 이름이 불쑥 튀어나오기도 한다. 놀랍게도 그들은 예전의 모습을 지니고 있다. 그들과 같은 과 친구로 보냈던 4년의 기억이 스쳐간다.

Y를 모교행사에 가서 만날지, 따로 만날지 고민이 된다. 나이가 드니 새로운 모임에 참가하는 것도 피곤하다. 그런데 사진들을 보다 보니 그 시절의 친구들을 만나 한 번쯤 옛 추억에 빠져드는 것도 나쁘지 않은 것 같다. 모든 관계가 꼭 지속되어야만 하는 건 아니다.

(2022. 10.)

모든 게 좋았다

날이 좋다. 선선하니 영락없는 가을 아침이다. 놀러 가기 딱 좋은 날이다. 친구가 데리러 집 앞까지 와줬다. 평소 자신의 동네에서만 운전을 해서, 우리집 오는 것도 걱정이 많은 친구다. 그런데 오늘은 평창까지 운전을 하겠다고 나선다. 작년에 눈 수술을 한 나를 배려해서다. 수술은 잘 되었다는데 수술한 오른쪽 눈은 아직도 사물이나 글씨가 찌그러져 보인다. 다행히 주력으로 보는 눈이 왼쪽이어서인지 일상생활을 하는 데는 별로 불편을 느끼지 않는다. 정작 나는 괜찮은데 주변 사람들이 걱정을 많이 한다.

호텔 입실까지는 시간이 많이 남아 봉평 재래시장에 들렀다. 마침 5일장이 열리는 날이라 시골 시장이 북적거린다. 가는 날이 장날이라니 운이 좋다. 장이 섰다는 말에 장돌뱅이 허생원이 나귀를 끌고 봉평 시장을 누비는 모습이 눈앞에 그려진다. 시장 구경은 언제나 신난다. 상인들이 맛보라고 줄 때마다 메밀부침이며 무로 만들었다는 조청 등을 바리바리 살 것만 같아 지갑을 움켜잡는다. 떠나는 날이 아닌 도착한 날 시장에 온 게 아쉽다.

시장 구경을 한 후 '효석 달빛 언덕'으로 발길을 옮겼다. 메밀꽃이 한창일거라고 생각하고 갔지만 꽃은 구경도 못했다. 태풍이 꽃을 다 휩쓸고 가 매년 열리는 메밀꽃 축제도 취소됐단다. 비록 '피기 시작한 꽃이 소금을 뿌린 듯이 흐뭇한 달빛에 숨이 막힐 지경'의 메밀밭은 아니지만 파란 하늘과 짙푸른 산이 배경이 되어주는 메밀밭은 그 자체로도 아름답다. 이효석이 평양에서 살던 집을 재현했다는 푸른 집은 마치 『헨젤과 그레텔』에 나오는 과자로 만든 집처럼 관람객을 유혹한다. 붉은 기와를 얹은 작은 집은 커다란 창문을 제외하곤 전체가 초록과 붉게 물들기 시작하는 담쟁이덩굴로 감싸져 있다. 예쁜 걸 넘어 신비로운 분위기마저 풍긴다.

예전에 방문했던 봉평과는 많이 달라진 듯싶다. 2018년 평창올림픽을 계기로 문화체육관광부가 예술 창작 특구 사업을 펼쳐 새롭게 꾸몄다고 한다. 소박한 모습은 간데없고 문화를 테마로 한 관광지의 느낌이 강하다. 그렇지만 볼 것도 많고 깔끔하게 정돈되어서 관람하기엔 더 좋았다.

이튿날 오전엔 양떼 목장을 돌아보았다. 둘레길처럼 산길을 따라 걸으며 넓은 들판에 방목되어 있는 양과 알파카를 볼 수 있다. 울타리 앞에 서 있으면 사람들이 먹이를 주는 것을 아는 양떼들이 우루루 모여든다. 울타리보다 키가 큰 알파카가 몰려와 울타리 밖으로 목을 내밀면 먹이를 주기는커녕 놀라서 뒷걸음질을 쳤다. 아이들이 어렸을 때 함께 왔으면 좋았을 거 같다.

자동차 앞 유리로 빗방울이 떨어진다. 기분이 좋은 탓인지 회색빛 하늘조차 운치가 있어 멋지게 느껴진다. 하기야 좋은 사람과의 여행은 날이 좋으면 좋은 대로, 비가 오면 오는 대로 좋지 않겠는가. 월정사 주차장에 도착했다. 하늘은 언제 그랬냐는 듯 시치미를 떼고 새파란 하늘과 하얀 구름으로 인사를 한다. 아무리 가을 하늘이라지만 이렇게나 선명하게 파랄 수가 있을까. 티끌 하나 없는 흰 구름은 보기만 해도 가슴이 터질 것 같다. 주차장에서 오른쪽에 있는 전나무 숲길로 돌아서 월정사에 가기로 했다. 많은 사람이 맨발로 흙길을 걷고 있다.

인생의 어느 지점마다 새로운 시작을 할 때는 앞으로의 내 삶이 꽃길인 줄 알았던 때가 있었다. 사범 대학에 입학할 땐 졸업하면 당연히 교사가 되는 줄 알았고, 월급 많이 주는 공기업에 취업했을 땐 앞으로의 인생이 탄탄대로인 줄 알았다. 첫눈에 반한 남자와 결혼할 땐 내 앞길엔 행복만이 남았다고 생각했다. 그러나 졸업 후엔 교사가 되지 못했고, 3개월 백수 생활 끝에 간신히 공기업에 들어갔다. 결혼 후엔 남편 뒷바라지를 위해 퇴사했는데 남편이 젊은 나이에 사고로 세상을 떠나고 말았다. 좋은 직장은 진즉에 그만둔 뒤라 시댁에서 생활비를 타서 쓰는 신세가 되었다. 인생은 안이 들여다보이지 않는 터널과 같다.

문득 내 인생이 숲속의 흙길을 걷는 것 같았다는 생각이 든다. 친숙하고 오래 걸어도 질리지 않는 길을 걸어온 것 같다. 레드 카펫을 쭉 깔아놓은 성공의 길은 아니었지만 그렇다고 진흙 바닥을 구른 것도 아니다. 흙길에서는 진흙에 빠져도 마른 땅에 신발을 비비면 금방 마른다. 삶이 나를 배반할 때마다 새로이 등장하는 샛길이 있고, 잡을 수 있는 나무가 있었다. 지나온 길이 비록 편안한 꽃길은 아니지만 흙길처럼 다정했다.

집 앞에 내려주며 친구가 고속도로 연수로 운전의 신이 된 거 같다고 웃는다. 나 또한 아침의 양떼 목장과 오후의 월정사 숲길 걷기로 하루 만보 걷기 목표를 달성해서 뿌듯하다고 말했다. 하늘마저 협조적인 아름다운 가을날에 우리가 함께 한 평창은 여행 외에 부수적으로 따라오는 것까지 만족스러웠다. 모든 게 다 좋았다.

(2022. 9.)

봄나들이

수필창작반 식구들과 문화재 탐방을 겸한 봄나들이를 갔다. 오랜만에 김밥 싸 들고 가는 소풍이라 약간은 들떠서 단축 수업하기를 바랐다. 그러나 아홉 시에 시작된 수업은 쉬는 시간도 없이 두 시간 반을 꽉 채우고서야 끝이 났다. 이천도 가야 하고 용인도 가야 하는데 어째 오늘 일정이 빠듯하고 고되리라는 느낌이 든다.

이천 산수유 마을에 도착하니 이틀 후부터 있을 산수유 축제 준비로 이동 화장실을 세우고, 본부석과 천막 부스를 설치하느라 분주하다. 그래도 축제로 인해 사람이 많을 때 오는 것보다는 한가하게 미리 보는 게 낫다는 이야기를 나누며 걷는 사이 육괴정에 도착했다. 육괴정이라 해서 평소 고궁에서 보던 정자를 생각했는데 그냥 평범한 집이어서 당황했다.

육괴정(六槐亭)은 조선 중종 14년(1519) 기묘사화로 조광조를 중심으로 한 신진 사류들이 크게 몰락했을 때, 난을 피해 낙향한 남당 엄용순이 건립했다는 정자이다. 육괴정이란 이름은 당대의 명현인 모재 김안국을 비롯 규정 강은, 계산 오경, 퇴휴 임내신, 두문 성담령, 남당 엄용순 등 여섯 선비가 시회와 학문을 강론하며 우의를 기리는 뜻에서 정자 앞에 연못을 파고, 여섯 그루의 느티나무를 심었다는 데서 유래되었다고 한다. 그러나 세월의 흐름과 고락을 보여주듯 연못은 많이 메워져 물도 별로 없고, 그 크기도 작아 연못이라고 말하기조차 민망하다. 여섯 그루의 느티나무 중 세 그루는 고사하고 지금은 세 그루만 남았는데 거의 오백여 년 된 나무라 그런지 굉장히 크고 위엄이 있어 보인다.

육괴정과 연못 사이에 마련된 자리에서 짐을 풀고 김밥과 떡을 꺼내 점심을 먹으려는데 그 앞에서 장사를 하던 할머님이 당신의 김치를 선뜻 꺼내주며 김밥이랑 같이 먹으라고 하신다. 순간 우리한테 뭐라도 팔려고 그러시나 하는 생각이 들었다. 그래봤자 우리가 산 건 3000원짜리 산수유술 세 통에 불과했는데도 말이다. 거기다 종이컵까지 몇 개나 얻어 와서 할머니가 우리 땜에 손해를 보시는 거는 아닌지 걱정스러울 정도였다. 갑자기 봄 햇살 한줄기가 마음에 들어와 이유 없는 친절에 일단 불신부터 하고 보는 못된 습성을 부끄럽게 만든다.

산수유꽃은 하나씩 보면 또렷하고 진한 노란빛 개나리에 비해 은은하고 부드러운 느낌이다. 그러나 무리를 지어 피어 있으니 그 은은함이 훨씬 여유롭고 화사해져 사람의 눈을 끌고 그 아름다움이 마음을 빼앗는다. 마음먹고 운동화를 신고 온 만큼 산을 다 오르고 싶었는데 중간 정도 오르다 되돌아와야만 했다. 용인 한택식물원에도 가야 하는데 시간이 빠듯했기 때문이다. 노란 산수유에 취해 감정이 절정에 이르고 있을 때 돌아가려니 좀 섭섭한 기분이 든다. 하루에 한 곳만 가서 여유롭게 즐기면 더 좋을 것 같다.

용인에 있는 한택식물원에 도착했다. 일행을 기다리느라 입구에서 이십여 분 서 있는데 꽃샘추위가 위용을 부리는지 몸이 덜덜 떨린다. 아직 봄이 완연하지도 않은데 과연 꽃들이 많이 피었을까 걱정이 앞선다.

식물원에 들어갔다. 산수유나 목련, 벚꽃 같은 이른 봄꽃들만 피었을 뿐 아직 감탄사가 나올 만큼 많은 꽃이 피진 않았다. 군데군데 작은 꽃 몇 종류만 피어 있을 뿐이다. 보통의 튤립보다 일찍 핀다는 키도 크기도 작은 귀여운 튤립이 있는데 이름표를 보니 '어얼리 하베스트'다. 늘씬하고 화려한 튤립 속에서 자신을 드러내기 위해 이름도 자신의 특징을 살려 'early'라고 했는가 보다. 그러고 보면 대중 속에서 작은 자신을 드러내고 싶은 건 인간이나 식물이나 마찬가지인 듯싶다. 그 옆에는 수줍어 고개 숙인 연보랏빛 작은 꽃이 있다. 얼레지라는 꽃인데 꽃말은 첫사랑이라고 한다. 나이가 들어도 아니 나이 들어갈수록 첫사랑이라는 단어는 가슴을 설레게 한다. 살포시 고개 숙인 꽃잎은 나름 꽃잎

하나하나를 최대한 위로 쫘악 세워 그 얼굴이 살짝 드러나게 하고 마치 날갯짓하는 나비의 모습으로 그 설렘을 감추고 있는 듯 보인다.

호주 온실관에 들어가니 입구에 있는 커다란 바오밥나무가 눈길을 붙잡는다. 삐져나온 거대한 뿌리로 어린 왕자의 작은 별에 구멍을 뚫던 바오밥나무의 무시무시한 삽화가 떠오른다. 이렇게 멋있게 생긴 나무가 어린 왕자 별의 골칫덩어리라는 사실이 믿기지 않는다. 코알라가 먹는다는 유칼립투스를 지나자 어린 왕자와 그에게 길들여지기를 바랐던 여우가 또 다른 바오밥나무 앞에 같이 있다. 사람들이 기념 촬영을 할 수 있도록 벤치까지 마련해 놓았는데 그 모습이 참 아이러니하다. 어린 왕자가 자신의 별을 산산 조각낼지도 모르는 위험한 바오밥나무와 함께 하기를 바라는 건 인간의 이기심일지도 모른다. 사람은 자신이 보고 싶은 것만 본다는 말이 생각난다. 어린 왕자가 바오밥나구와 과연 행복할까 하는 의문이 든다.

열린 차창으로 스며드는 바람에는 봄 향기가 가득하다. 봄 향기를 맡으며 오늘 하루를 되새겨 보니 나도 모르게 미소가 지어진다. 학교 다닐 때 M.T를 다녀오면 왠지 동기들과 친해진 느낌이듯이, 하루의 봄나들이는 마냥 어렵기만 하던 수필창작반의 어르신 글벗들과 가까워진 느낌이 들게 한다.

(2009. 4.)

벚꽃놀이

작년에 모교의 입학 40주년 행사를 매개로 연락이 끊겼던 대학 시절의 친구를 만났다. 연말에 진해로 잠수함 견학을 갔는데 마침 그 친구의 집이 창원이라 다시 만나게 되었다. 통화를 하다가 잠수함 견학을 간다니까 진해가 창원과 가깝다며 하룻밤 자고 갈 수 있냐고 물었다. 대구에 살고 있는 친구도 그쪽으로 와서 1박 2일을 함께 보냈다. 그때 벚꽃 축제하면 창원에 또 내려오라고 했다. 잊지 않고 연락한 친구 덕에, 매해 TV에서만 보고 말로만 듣던 진해 벚꽃을 직접 볼 수 있었다.

사람이 몰리는 시간을 피해 밤늦게 여좌천에 갔다. 코로나 발병 이후 4년 만에 열린 군항제라 차량을 통제할 정도로 복잡하다는데, 평일 밤이라 그런지 도로는 뻥 뚫렸다. 흩날리는 벚꽃 꽃잎을 보며, 늘어진 벚꽃이 마주하여 만든 벚꽃 터널을 달렸다. 봄밤에 날리는 연분홍 꽃비가 환상적이다. 늦은 밤이라 인파에 떠밀리지 않고 야경을 즐길 수 있어 좋았다. 놀랍게도 밤이 깊을수록 꽃놀이를 나온 사람들이 점점 늘어난다. 관광지답게 곳곳에 포토존이 있어 인증 사진도 찍고, 시시각각으로 변하는 불빛을 조명 삼아 다양한 벚꽃 사진도 찍었다. 불빛에 따라 붉은빛으로, 때론 파랗게, 노랗게도 보이는 벚꽃과 그 사이로 보이는 밤하늘의 달을 찍기 위해 목이 아프도록 고개를 젖혔건만 사진엔 그 아름다움이 제대로 표현되지 않았다. 역시 TV나 사진을 백 번 보는 것보다 한 번이라도 직접 보는 게 훨씬 좋다.

요즘은 아파트 단지 내는 물론 거리에서도, 집 앞 산에만 올라도 흔하게 볼 수 있는 게 벚꽃이다. 가까운 서울 숲이나 여의도, 석촌호수 등만 가도 온통 벚꽃 천지다. 굳이 벚꽃을 보러 몇 시간씩 기차를 타고 갈 필요가 있나 싶다. 진해에 간 것도 '꽃보다는 친구'라는 생각으로 친구를 만나러 간 김에 꽃을 본 거지 꽃을 보겠다고 나선 길은 아니다. 그런데 지천으로 피어 있는 벚꽃을 보니 여태껏 보아 온 벚꽃과는 차원이 다르다.

진해는 물론 창원마저도 거리는 온통 벚꽃 천지다. 하얀 벚꽃, 연분홍 벚꽃, 왕 벚꽃 등 끝없이 이어진 벚꽃의 무리를 이렇게 며칠 동안 연이어 본 적이 없다. 여좌천, 경화역, 진해루, 심지어 길가마저도 벚꽃의 향연이다. 친구가 일부러 가포 가는 길을 택해 커피를 마시러 간 건 오로지 '동백꽃 품은 벚꽃'을 보여주기 위함이란다. 벚나무 앞 사이사이에 심어놓은 동백나무로 인해, 늘어진 하얀 벚꽃이 마치 붉은 동백꽃을 품고 있는 것처럼 보인다. 붉은 동백꽃 위에 늘어진 하얀 벚꽃, 그리고 바닥에 떨어진 붉은 꽃잎 위에 눈처럼 얹어진 하얀 꽃잎은 아주 조화로웠다. 어디에서도 볼 수 없던 풍경이다. 이래서 사람들이 '진해 벚꽃, 진해 벚꽃'하나 보다.

사람들은 벚꽃이며 수선화, 장미, 국화 등의 꽃을 계절에 맞춰 보러 가기도 하고, 그 감동을 기억하기도 한다. 그러고 보면 나는 꽃에 별로 관심이 없는 것 같다. 딱히 꽃놀이라고 가본 적도 없다. 그냥 봄이니까 나들이 갔다가 유채꽃밭을 거닐었고, 롯데타워에서 밥을 먹었기에 석촌호수를 산책하며 늘어진 벚꽃을 즐겼고, 궁남지에 갔으니 연꽃을 봤을 뿐이다.

꽃놀이라면 대학교 1학년 때 친구들과 지금은 창경궁이라 불리는 창경원에 밤 벚꽃놀이를 갔던 게 생각난다. 그나마 처음에만 "와~!" 했을 뿐 관람차를 타고 낄낄거리며 수다를 떠느라 정작 꽃은 뒷전이었다. 생각해 보면 젊은 날의 관심은 꽃보다 사람이었다.

꽃이 예뻐 보이면 늙는 거라더니 이제 나이가 들었나 보다. 꽃이 보이기 시작한다. 꽃을 보니 좋고, 보고 또 봐도 질리지 않는다. 나중에 보면 다 똑같아서 결국은 몇 개만 남기고 지워버리고 마는 꽃 사진을 끝없이 찍고 또 찍는다. 누군가 할머니가 되기 전의 5~60대 카카오톡 프로필 사진은 다 꽃이나 나무라고 했던 게 떠오른다. 나 역시 프로필 사진엔 죄다 산과 바다, 꽃과 같은 풍경뿐이다.

나이가 들수록 사람과의 관계에서 맞춰 나가는 과정이 생략되는 것 같다. 젊을 땐 대화를 통해서 서로를 알아가고 시간이 흐르면서 이해하게 되며, 그렇게 관계를 쌓아 간다. 나이가 들수록 새로운 누군가에게 맞춘다는 게 피곤하다. 다른 사람 신경 쓰지 않고 있는 그대로의 자신을 보이며, 남의 이야기를 듣기보다는 자기 이야기를 하기에 바쁘고, 내 관심 밖의 일은 금방 잊고 만다. 만나면 반갑지만 돌아서면 잊어버리는 피상적인 관계가 많아진다.

창원의 친구를 다시 만났을 때는 이렇게 자주 만나고 연락하게 될지 몰랐다. 좋은 관계를 맺는 데는 시간과 노력이 필요하다. 우리의 만남에는 활달하고 배려심이 많은 두 친구의 영향이 컸다고 생각된다. 앞으로 쌓아 가는 우리의 시간이 그동안의 단절을 끊고 새로운 관계를 맺어가려면 나의 노력 역시 필요하다. 관계란 상대적이다. 어느 한쪽의 노력만으로는 이어나가기 힘들다.

집으로 돌아오는 기차 안 모니터에 진해 군항제 광고가 지나간다. '어! 여좌천이다.' 아나운서의 설명이 없어도 한눈에 알아본다. 난 여좌천에서 직접 벚꽃놀이를 한 사람이니까…. 핸드폰을 꺼내들어 카카오톡의 프로필에 여좌천에서 찍은 벚꽃 앞의 내 사진을 올린다. 이 사진을 볼 때마다 친구들과의 여행을 기억하고, 내가 먼저 연락하겠노라 다짐한다.

(2023. 4.)

도돌이표

주말 드라마를 보다가 비로소 알았다. 시도 때도 없이 흥얼거리던 노래의 정체를 말이다. 임영웅의 「사랑은 늘 도망가」이다. 산에 갈 때마다 모바일 앱 'FLO'에서 가요를 듣는데 그냥 1위에서 100위까지의 차트를 틀어놓고 걷는다. 그러다 보니 보통 30위가 넘어가는 노래는 잘 듣지 못한다. 두 시간 이상 걷는 일이 없기 때문이다.

뒤 순위의 노래는 잘 듣지 못하기에 100위권 중에서 20여 개를 선택해서 듣는 날도 있다. 상위권은 대부분 젊은 가수들의 노래다. 가요를 들을 때만큼이라도 쉰세대가 아니라 신세대이고 싶은 마음에 트로트는 잘 듣지 않는다. 전 국민이 열광했던 '미스터 트롯'이나 '미스 트롯'도 거의 보지 않았다. 한때 미스터 트롯 출신자들의 노래가 상위권에 많이 나올 때는 그들의 노래는 건너뛰고 듣기도 했다. 이 노래도 처음에는 가수를 확인하곤 트로트라 여기고 건너뛰었다.

아무 생각 없이 이어폰을 꽂고 둘레길을 걷는데 어느 날인가부터 귀에 꽂히는 노래가 있다. BTS의 노래는 신나지만, 사실 가사를 알아듣는 게 아니라 무슨 내용인지 모른다. 그냥 리듬을 즐길 뿐이다. 아이유의 노래를 좋아하지만 영어랑 우리말을 섞어 부르면 못 알아들을 때도 있다. 그런데 이 노래는 가사가 귀에 쏙쏙 박힌다. 반복되는 음에 느린 템포, 안정된 발음 때문이다. 지금 보니 즐겨보는 드라마의 OST라 익숙해서였던 것 같기도 하다.

때론 가요를 듣다가 가사를 확인하고 싶을 때가 있다. 랩이나 영어 가사가 아닌데도, 빠른 음이 아닌데도 불구하고 가사 전달이 잘되지 않아서다. 물론 심취해서 듣는 것도, 가사를 음미하며 듣는 것도 아니고 걸으면서 그냥 음을, 소리를 듣는 탓도 있다.

생각해 보면 트로트의 가사처럼 알아듣기 쉬운 가요도 드물다. 빠른 노래일수록 알아듣기는 더 힘들다. 오죽하면 가요의 가사를 받아쓰기하는 프로그램이 있을까. 노래를 한 번 듣고 출연자들이 받아쓴 가사는 적은 것보다 빈칸이 더 많다. 그나마 젊은 출연자들이나 가수들은 웬만큼 받아쓰지만, 나이 든 사람들은 무슨 외계어를 듣는 표정이다. 그 모습을 보고 있자면 나만 그런 게 아니라는 안도감이 들기도 한다.

트로트를 잘 듣지 않는다고 하지만 사실 내가 힘들 때나 슬플 때, 위로가 돼 준 음악은 트로트였다. 즐겨 부르는 노래도 트로트이다. 흥얼거리기에는 아이유나 BTS의 노래보다 트로트가 만만하다.

청춘의 그 어느 날, 남자 친구랑 헤어졌을 적엔 최진희의 「우린 너무 쉽게 헤어졌어요」라는 노래를 카세트테이프가 늘어지도록 들은 기억이 있다. 사랑하는 남편을 잃고는 아이를 재운 밤마다 심수봉의 CD를 플레이어에 넣고 「미워요」를 리플레이하여 밤새 들었다. 그때 알았다. 나의 슬픔을 달래주는 건 차이코프스키의 「비창」이나 라흐마니노프의 교향곡이 아니라 트로트라는 걸….

사람들은 흔히 유행가 가사처럼 내 마음을 잘 표현하는 건 없다는 소리를 하곤 한다. 가요의 가사를 듣다 보면 정말 그런 것 같다. 남자친구랑 헤어졌으면 '한 번쯤 다시 만나 생각해 봐요. 너무 쉽게 헤어졌어요.'라는 말을 하고 싶고, 다시 돌아올 수 없는 먼 길을 떠난 연인이라면 '죽도록 사랑하면서 두 번 다시 만날 수 없어.'라는 가사가 가슴에 사무치지 않겠는가.

요즘은 주말 드라마에 빠졌나 보다. 상대방을 위해 이별을 택한 연인들을 보면서 '붙잡지 못하고 가슴만 떨었지. 그리움이 쫓아 사랑은 늘 도망가. 잠시 쉬어가면 좋을 텐데.'라는 가사가 가슴에 콕콕 박힌다.

음악을 들으면서도 드라마 삽입곡이라는 생각은 못한 채 왠지 친숙하다는 느낌이 들었다. 사실 이 노래는 2010년 MBC드라마

「욕망의 불꽃」에서 이문세가 불렀던 드라마 주제곡이라고 한다. 지금은 기억나지 않지만 어쩌면 그 드라마를 보면서 이미 들은 적이 있을지도 모른다.

같은 노래라도 상황에 따라 내 마음을 표현하는 것처럼 여겨질 때가 있고, 의미 없이 귓가에서 흘러갈 때도 있다. 가요의 가사는 당시의 내 심정, 내 느낌, 내 마음과 통할 때 기억에 남고 위로가 되며 동감하게 된다.

하루 종일 노래 가사의 일부가 머리에서, 입안에서 맴도는 날이 있다. 그때 그 노래가 무슨 노래인지 모를 때는 진짜 답답하다. 무슨 노래인지를 모르니까 하루 종일 같은 부분만 도돌이표처럼 계속 흥얼거린다. 이번에 흥얼거린 노래의 정체를 알았다. 알게 되었으니 더 이상 흥얼거리지 않게 될지도 모른다.

더 이상 도돌이표처럼 같은 구간을 흥얼거리지 않게 된다는 건 그 감정에서 벗어났다는 뜻일 것이다. 같은 노래를 반복해서 들으며 위로받던 가요의 가사가 더 이상 사무치지 않게 되었을 때, 그로 인해 내 마음은 어느새 치유된 것이리라.

(2022. 3.)

육십갑자가 돌아오다

오사카 간사이국제공항에 도착했다. 인천공항에서 출발한지 두 시간도 되지 않았는데 일본이라니 거리상으로는 가까워도 너무 가깝다. 큰아들과 며느리, 작은아들과 환갑 여행을 왔다. 내 생일은 아직 두 달여가 남았지만, 추운 날의 여행보다는 가을이 나을 것 같다 하여 미리 왔다. 작은아들과 같이 살다 보니 둘이 캐리어 하나만 끌고 왔다. 아들 덕에 짐 없이 빈손으로 다니니까 편하고 좋다.

큰아들은 결혼하고 처음으로 하는 가족 해외여행이기에 고민을 많이 했단다. 가까운 일본이나 대만이 좋을 것 같다며 여긴 어떠냐고 계속 물어오는데 하필이면 다 가 본 곳만 말한다. 자식들과의 여행이니 가본 곳을 또 가도 좋겠지만 세상은 넓고 가보고 싶은 곳도 많은데 굳이 갔던 곳을 또 가고 싶지는 않다. 아들은 장소를 물으면 엄마가 갔던 곳이라 해서 다시 정하느라 머리가 아팠는지 모르겠지만, 나는 엄마가 여행 갔던 곳도 모르는 아들이 서운했다.

장소를 정하고 나자 패키지로 갈 건지, 자유 여행으로 갈 건지가 또 문제였다. 다른 사람들이 부모님 모시고 가는 여행은 패키지로 해야 된다고 해서 단체 여행을 생각했으나 유럽을 자유 여행으로 다녀오는 엄마를 생각하니까 마음에 안 들어 할 거 같았단다. 3박 4일 중 반은 자유 일정이고 반은 단체 관광인 패키지여행으로 결정했다.

자유 일정인 날, 열차를 타고 나라의 「사슴 공원」에 갔다. 애들은 유니버설스튜디오에 가서 놀고 싶었지만 엄마를 배려해서 왔다더니 나보다 더 신나 한다. 돌아오는 길에 시내의 백화점과 돈키호테에서 쇼핑도 했다. 젊은 애들이라 별 어려움 없이 다니기는 했지만, 교통편이며 먹는 것, 구경하는 것까지 결정하고 안내한 큰아들 가이드님(?)께서는 힘들었나 보다. 패키지로 오길 잘했다는 말을 여러 번 한다.

일본은 치안이 그리 염려되는 나라는 아니다. 우리나라 사람들도 셀 수 없이 많고, 대형 쇼핑몰이나 호텔 등엔 일본어·영어와 함께 한글로 안내되어 있다. 별 불편함이 없으니 밤에도 밖에 나가 구경할 수 있다. 일주일 후가 작은 아들 생일이라 파티도 했다. 자유 일정인 날 저녁에 도톤보리의 식당에서 생일 파티를 당겨서 하고, 그 다음 날은 단체 관광이 끝난 후 마트에서 맥주와 안주, 음식 등을 잔뜩 사 와 또 파티를 했다. 환갑 여행이라 이름 붙여 애들과 함께 온 여행에서 작은아이 생일 파티까지 하니 더 의미 있고 행복하다.

오늘은 작은아들 생일이다. 며칠 전에 자기 생일날 저녁에 시간 낼 수 있냐고 물었다. 여행지에서 생일 파티를 당겨서 했기에 생일날은 친구들을 만날 줄 알았는데 의외다. 내가 가고 싶어 했던 「고든램지버거」 레스토랑에서 만나자고 한다, 햄버거 하나에 삼만 원이 넘는 말도 안 되는 가격이라 평소에는 갈 생각을 못 했던 곳이다.

엄마랑 식사하려고 햄버거 집을 예약했다니까 친구가 어머니를 배려하지 않은 잘못된 선택인 거 같다고 말렸단다. 우리 엄마가 좋아하는 곳이라고 하니 "어머님이 엄청 힙하시군." 했단다. 엄마는 매일 집에서 먹는 한식만 좋아할 것이다, 건강 생각해서 햄버거는 먹지 않을 것이라는 편견은 버려야 한다. 엄마들도 햄버거나 피자를 좋아한다. 늘 먹는 것도 아닌데 사 주기만 하면 얼마든지 먹을 수 있다. 나이가 서른이면 '어머님은 짜장면이 싫다고 하셨어.'라는 노래 가사의 의미 정도는 알아야 하지 않을까. 아들이 낳아줘서 고맙다며 오늘은 자기가 사겠단다.

작은아이의 다섯 살 생일이었다. 평소에는 놀이터에 갈 때조차 말없이 혼자 나가는 일이 없는데, 아이가 없어졌다. 울며불며 정신없이 아이를 찾아 다녔다. 관리사무소에 가서 미아 찾는 방송도 했다. 아무 데도 아이가 없어서 넋이 나가 놀이터 앞에 서 있는데 "엄마아~!" 하며 아이가 뛰어온다. 그리고는 뭐라 할 새도 없이 밝은 얼굴로 손에 든 작은 상자를 준다. 포장지는 뜯어 보지도 않고 말도 없이 어디 갔었느냐고 소리소리 질렀다. 엉엉 울기까지 하는 나를 보며 아이는 "엄마 선물 사러 상가에 갔다 왔는데…."라며 울먹인다.

머리핀이었다. 갑자기 무슨 선물이냐고 하자 "낳아주셔서 감사합니다." 한다. 그때의 감동을 어떻게 말로 표현할 수 .있겠는가. 어떻게 그런 생각을 했는지 지금 생각해도 기특하다. 그날 이후로 낳아줘서 감사하다는 말을 정식으로 들은 적은 없는 것 같다. 선물을 주거나 밥이라도 사 주면서 해야 진정성이 느껴져 기억되지, 맨입으로 지나가듯이 하는 말은 기억되지 않는다.

낳아줘서 고맙다고 하니까 어렸을 때 네 생일날 선물 줬던 일이 생각난다고 했다. 자기도 그걸 노렸다며, 엄마가 그때처럼 좋아할 거 같았단다. 이것도 일종의 환갑 이벤트인가 보다. 낳아줘서 고맙다는 말은 바꿔 말하면 살아있어서 행복하다는 말인 것 같아 뿌듯했다.

아이들을 키울 땐 언제 클까 싶었는데 이제 제 몫을 다하는 것 같아 안심이 된다. 백세 시대에 환갑은 청춘이라 요즘은 장수의 상징인 환갑잔치는 아무도 안 한다. 그래도 옛날부터 전해오는 풍습인지라 가족이나 지인들이 일반 생일보다는 뭔가 기념되는 것을 해 주려고 한다. 환갑을 챙긴다는 게 민망하긴 하지만 그래도 기분은 좋다. 자식들이 생일을 잊지 않고 챙겨주는 것만으로도 감사한 일인데, 환갑 생일을 해외여행같이 큰 행사로 치러주니 잘 키웠다는 생각이 든다. 작은아들이 자기 생일날, 친구들이 아닌 엄마와 시간을 보내준 것도 감사하다. 비싼 수제 햄버거도 사주고, 낳아줘서 고맙다는 예쁜 말에, 쇼핑까지 같이 해주니 이보다 더 좋은 선물이 있을까.

내 생일은 12월이다. 그때까지 환갑 이벤트가 아직도 몇 개나 더 남았다. 나에게 주어진 이 기회를 즐기고 싶다. 1년 내내 생일잔치를 할 수 있는 즐거움이 살면서 얼마나 더 남았겠는가.

(2023. 10.)

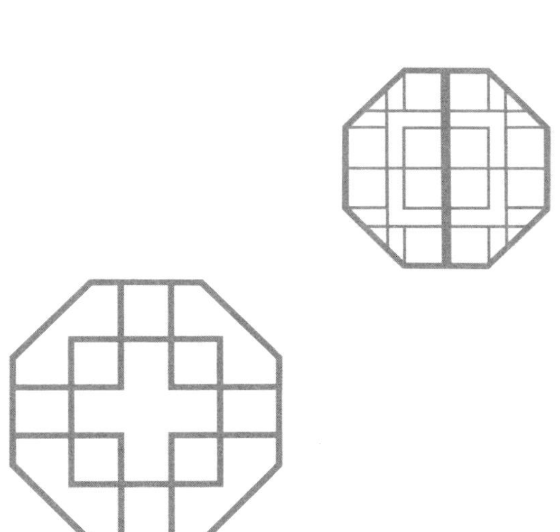
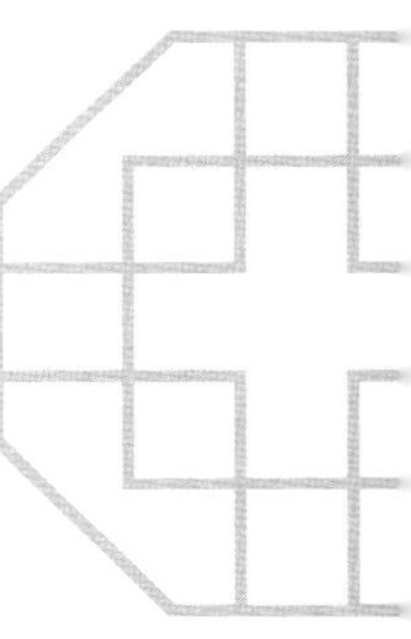

국제PEN한국본부
창립70주년기념 산문선집 12

바다보다 낮은 집

발행일 2023년 12월 10일

지은이 유경희

발행인 강병욱
발행처 도서출판 교음사

03147 서울 종로구 삼일대로 457 수운회관 1308호
Tel (02) 737-7081, 739-7879(Fax)
e-mail : gyoeum@daum.net
등록 / 제2007-000052호

* 잘못된 책은 바꿔 드립니다. 값 13,000원

ISBN 978-89-7814-954-9 03810